# MUJER
## Exhibe tu Belleza

**DR. RUTH MERCADO**

xulon PRESS

Copyright © 2012 by Dr. Ruth Mercado

*Mujer, Exhibe Tu Belleza*
by Dr. Ruth Mercado

Printed in the United States of America

ISBN 9781619968424

All rights reserved solely by the author. The author guarantees all contents are original and do not infringe upon the legal rights of any other person or work. No part of this book may be reproduced in any form without the permission of the author. The views expressed in this book are not necessarily those of the publisher.

www.xulonpress.com

## LUZ A LA FAMILIA

900 North Walnut Creek
Suite 100 PMB 280
Mansfield, TX 76063
www.ruthmercado.org

Editado por Anabel Avilés Iznaga
Diseño de la Portada por Liza Solares

# Agradezco a...

Doy gracias Dios por poner en mí la pasión para escribir éste libro. A mi querida madre, Angelina Rosario, que todavía en sus 84 años es escritora de libros en cuyas páginas se encuentra sabiduría. A mi amado esposo, Apóstol Ángel Luis Mercado, que siempre esta a mi lado dándome animo para proseguir en las metas que me propongo en la vida. A mis cuatro hijos, Pastora Lynette Santiago, Pastora Liana González, Salmista Liza Solares y Angel Luis Mercado, Jr., quienes son mis tesoros, junto a sus cónyuges y mis nietos. Le agradezco a mi secretaria, Cristina Pechuan, a mi asistente, Edna Muñoz, y a mi editora, Anabel Avilés Iznaga, quienes son mujeres abnegadas para levantar mis manos en tiempos como estos.

Luz a la Familia
900 North Walnut Creek
Suite 100 PMB 280
Mansfield, TX 76063
www.ruthmercado.org

# Dedicatoria

Mi vida ha sido entregada a Dios para ser maestra del bien a las familias de éste tiempo. No hay límites para que la mujer pueda ser de influencia en la vida de su semejante. Tampoco hay tal cosa como una mujer fea, ya que la belleza de cada una sale desde adentro hacia afuera. Si eres varón y estas leyendo éste libro, ella es la niña de tus ojos y en estas páginas vas ha poder valorizar más su belleza.

Cada página ha sido escrita para que cada persona que lea, pueda valorizar más a la mujer que Dios ha puesto a su lado, sea esposa, madre, abuela, tía, amiga, hermana y pero en especial poder valorizarte a ti misma como mujer, creada por Dios.

# ¿QUIÉN es Ruth Mercado?

Ruth Mercado nació en los Estados Unidos de padres pioneros del Evangelio en Puerto Rico. Sus padres, Rev. Román Rosario y Angelina Rosario pastoreaban en la ciudad de Chicago donde Ruth, a la edad de cinco años recibió el llamado directo de parte de Dios en un sueño. Desde esa edad, su papá comenzó a darle oportunidad para que ministrara la Palabra de Dios.

En el 1972, se unió en matrimonio con el Pastor Angel L. Mercado y hoy día es ayuda idónea a su esposo, llevando acabo el Ministerio Internacional Rebaño Compañerismo Cristiano, el cual fundaron después de unirse en el matrimonio. A Dios le plació prestarle cuatro hijos quienes apoyan el ministerio junto a sus familias, llevando acabo el llamado de Dios en sus vidas.

Su visión es hacer volver los corazones de los padres a los hijos, y de los rebeldes a la prudencia de los justos, para preparar al Señor un pueblo bien dispuesto. Su deseo sencillo es de lavar los pies de los siervos del Señor sirviendo a la familia. Ella es la fundadora del ministerio **Luz a La Familia**, donde multitudes de familias han sido restauradas a través de su enseñanza refrescante y motivadora. Es una mujer ungida con un mensaje poderoso de restauración y liberación. Una cosa la separa en su llamado y es su sumisión a la autoridad puesta por Dios en la vida de su esposo y pastor.

Su programa de televisión sigue tocando a la familia a través del globo. Es una mujer modelo para el pueblo del Señor. Ha viajado a muchos países donde su compasión atrae la presencia de Dios y vidas son transformadas por el poder de Dios. Además, es autora de más de quince libros dirigidos a la familia y a la educación cristiana. (*Resolviendo Conflictos Entre Relaciones, Oraciones del Corazón, La Mujer En La Visión de Dios, ¿Cómo Ser libre del*

*Homosexualismo? y más.*) Ha levantado varias Escuelas de Capacitación Ministerial junto a su esposo.

Como mujer de visión, siempre ha anhelado darle excelencia al pueblo del Señor y por lo tanto se ha ocupado en prepararse. Ha recibido su certificado en Educación Cristiana con Beka Christian College, School of Tomorrow, Moody Bible Institute, Evangelical Teachers Training Association, Association of Christian Counselors, miembro de la Directiva de Greater Chicago Sunday School Convention en Chicago por más de veinte años y su Doctorado en Ministerio y Filosofía en Teología con la Universidad Visión International. Ha ayudado a fundar la Clínica de Terapia Física C.A.R.E. en Honduras. Es una mujer de Fe y nada le intimida.

Su ministerio ha sido de gran impacto en la cuidad de Chicago y en el presente se han cambiado a Arlington, Texas levantando una nueva iglesia, donde va en un crecimiento milagroso. Aunque ha comenzado de nuevo junto a su esposo, su llamado a la familia sigue con más entrega, llegando al corazón del hogar. Su experiencia como hija de pastor, esposa de pastor, madre de cuatro hijos y ahora abuela de doce nietos le ha permitido ser más eficaz en la enseñanza de la familia.

Aunque es maestra de la Palabra también Dios la usa en los dones de profecía y ciencia al igual que sanidad y milagros. Ella ha creído lo que dice **Habacuc 1:5** *"Mirad entre las naciones, y ved, y asombraos; porque haré una obra en vuestros días, que aun cuando se os contare, no la creeréis."* Su lema es ser servidora de los santos llevando **Luz a La Familia**.

# REFLEXIÓN DE UNA HIJA

Ser mujer es una dicha – un privilegio – somos especiales para Dios, para la sociedad, para la iglesia y para nuestra familia. Dios nos creó con el propósito de producir cosas, de completar lo incompleto, de cambiar el rumbo de vidas con nuestra influencia. Hoy más que nunca sé que Dios desea que entendamos que es una dicha ser mujer, que EN TI ESTA TODO LO NECESARIO para llevar acabo Su Plan!

¿A qué te ha llamado Dios? ¿Qué es lo que debes completar? Te aseguro que al leer, MUJER, EXHIBE TU BELLEZA descubrirás tesoros escondidos dentro de ti, encontrarás esos sueños que habías escondido u olvidado. Sé que éste libro fortalecerá tu vida y cambiará tu manera de pensar en cuanto a ti misma, el llamado y los tuyos. Mi oración es que al leer estas palabras tu corazón sea fortalecido para correr hacia el llamado, hacia la meta y alcanzar tu propósito. Que ni la vida, ni la muerte, puedan quitar tu mirada de la cruz, la cual te infundirá el aliento que necesitas para correr!

*- Liza Mercado de Solares*

# Tabla de Contenido

| | | |
|---|---|---|
| 1 | MUJER, EXHIBE TU BELLEZA El Comienzo de Su Creación | 15 |
| 2 | LA MADRE DE NACIONES Que Comenzó a Exhibir Su Belleza | 19 |
| 3 | TRES MUJERES GENTILES Exhiben Su Belleza | 23 |
| 4 | TU BELLEZA TE AYUDA a Sobrevivir en la Escasez | 33 |
| 5 | MUJER MARCANDO HUELLAS en el Corazón de Su Familia | 41 |
| 6 | TUS DONES No Tengas Temor Usarlos | 47 |
| 7 | MUJERES Avanzando | 51 |
| 8 | NO TE INTIMIDES Por Tu Pasado | 61 |
| 9 | PON TU CREATIVIDAD a Trabajar | 67 |
| 10 | LABRADORES del Jardín de Tu Hogar | 71 |
| 11 | PRINCIPIOS Para Establecer Metas | 75 |
| 12 | SERENATA DE AMOR el Cántico de Amor | 79 |
| 13 | SU PRESENCIA Te Liberta | 93 |
| 14 | TOCANDO SU MANTO Para Restaurar Su Belleza | 99 |
| 15 | ERES EL VASO DE ALABASTRO Exhibe Tu Fragancia | 103 |
| 16 | LA FRAGANCIA DE LA MUJER en la Iglesia | 107 |
| 17 | DIOS TE VE en el Desierto | 117 |
| 18 | PRINCIPIOS de Belleza para el Matrimonio | 123 |
| 19 | UN LLAMADO a Exhibir la Belleza Como Padres | 129 |
| 20 | UNA MUJER Que Supo Compartir Su Última Cena | 137 |
| 21 | DOS HERMANAS Exhiben Su Belleza a Jesús | 141 |
| 22 | YO y MI CASA | 147 |
| 23 | MUJERES de Impacto | 153 |

| | | |
|---|---|---|
| **24** | DESARROLLANDO Valores en Tus Hijos | 159 |
| **25** | HACIENDO Frente a la Crísis Económica | 169 |
| **26** | MUJER Que Exhibe Su Belleza Sueña en Grande | 175 |
| **27** | EXHIBE las Virtudes de Tu Belleza | 183 |

# INTRODUCCIÓN

Hoy Luz a la Familia existe, por ti. El llamado de Dios sobre mi vida es uno de pasión y amor por las familias del mundo, especialmente para la mujer. Siendo criada en el Evangelio, sentía una carga por las mujeres del pueblo de Dios. Veía que había un velo que no permitía que ellas reflejaran la gloria de Dios.

Al ser madre joven con mis niños pequeños, encontré a través de las Escrituras que la sala de mi hogar era el vestíbulo del cielo, donde yo preparaba a mis hijos para enseñarles el camino al cielo. Aprendí que el hogar es el regalo más precioso que Dios le da a la familia, especialmente a las madres. También comprendí que yo podía ser la mujer de Proverbios 31 y juntamente con sus enseñanzas podía ser corona a mi marido.

*"Hoy es día de buenas nuevas y no puedo callar."* Esto me movió a abrir la sala de mi hogar a las 5 de la mañana, para que madres vinieran a orar, y comencé a compartir sobre el tema, "Como Ser la Esposa y la Madre Que Dios Quiere Que Seamos". Hasta el día de hoy continúo proclamando esas buenas nuevas. Miles de mujeres han sido transformadas por el mensaje que liberta la mente cautiva por el engaño del enemigo.

# CAPÍTULO 1

# Mujer, Exhibe Tu Belleza
## EL COMIENZO DE SU CREACIÓN

*"En el principio creó Dios los cielos y la tierra.
Y la tierra estaba desordenada y vacía, y las tinieblas estaban
sobre la faz del abismo, el Espíritu de Dios
se movía sobre la faz de las aguas."*
**Génesis 1:1**

## TODO SUBSISTE POR SU PALABRA

En el principio había desorden y oscuridad, faltaba llenar y ordenar esa tierra y la TRINIDAD comenzó a poner en orden esa tierra. Todo lo que Dios dijo así fue. Si lees el capítulo uno de Génesis puedes ver el poder de la Palabra cuando Dios habla poniendo en orden y llenando la tierra en Su creación.

*"Y dijo Dios: Sea la luz; y fue la luz.
Luego dijo Dios: Haya expansión en medio de las aguas,
Dijo también Dios: Júntense las aguas...
Después dijo Dios: Produzca la tierra hierba verde,
Dijo luego Dios: Haya lumbrera,
Luego dijo Dios: Produzca la tierra seres vivientes.
Entonces dijo Dios: Hagamos al hombre a nuestra imagen,
varón y hembra los creó."*
**Génesis 1:3, 6-7, 11, 14, 26**

Dios puso al Hombre en el Edén y le dio toda potestad y dominio sobre Su creación. El amor de Dios hacia el hombre comienza a manifestarse dándole todo lo que deseaba. Al ver Dios que nada llenaba el vacío del hombre, quiso darle su contentamiento y analizando en cómo llenaba ese vacío se dio cuenta que tenía que darle algo de su mismo ser para que lo complementara. Fue la primera cirugía hecha en la tierra y la primera anestesia. El sueño de Adán trajo a la existencia aquello que le faltaba para llenar su corazón, alma y cuerpo. Cuando despierta de su sueño delante de sus ojos estaba la creación más bella de la tierra. Ella conocía muy bien el propósito de su creación ya que su primer encuentro fue con aquel que amó Su alma y corazón. La mirada de Adán hacia ella fue impactante. No esperó que Dios le dijera, *"Pónle nombre"* como lo había hecho con la creación de los animales y criaturas.

Ella, exhibiendo Su belleza, siendo creada a la perfección de la imagen y semejanza de Dios, hecha del VARÓN, conquistó de inmediato el corazón de Adán. Había llegado su corona y la niña de sus ojos. Al ella ser hecha del hombre, ella se convierte en el único ser humano cuya relación, llega hasta las entrañas del hombre. El encuentro MARAVILLOSO, llenó su corazón y exclamó en alta voz:

*"Esto es ahora hueso de mis huesos y carne de mi carne; ésta será llamada Varona, porque del varón fue tomada."* **Génesis 2:23**

## SU PROPÓSITO FUE SER AYUDA PARA ADÁN

Ella tenía el derecho de opinar y conquistar los sentimientos de su amado y la serpiente la usó para llegar al hombre. La mujer comienza a exhibir su belleza, con su voz, atrayendo al hombre a comer del árbol prohibido por Dios. Su influencia sobre el hombre es más fuerte que la del enemigo. Por eso es que hoy día, la mujer es objeto de EXHIBICIÓN. Su belleza siempre ha logrado conquistar los sentimientos del hombre, porque su propósito fue llenar el vacío que había en él.

## LA DESOBEDIENCIA TRAJO MALDICIÓN A LA TIERRA

*"A la mujer dijo: Multiplicaré en gran manera los dolores en tus preñeces; con dolor darás a luz los hijos; y tu deseo será para tu marido, y él se enseñoreará de ti."*
**Génesis 3:16**

Ahí fue el comienzo del dolor por los hijos, *"Multiplicaré en gran manera los dolores en tus preñeces; con dolor darás a luz los hijos."* Fue el comienzo para que el hombre tomara señorío sobre ella, *"Y él se enseñoreará de ti"*. Fue el comienzo donde el deseo de la mujer por Dios, cambió hacia el hombre; *"Y tu deseo será para tu marido."* Fue el comienzo de su dolor. Los instintos de esa mujer cambiaron de ser ayuda idónea, al dolor. La enfermedad, la pobreza, el odio, la violencia, y la muerte entran por la desobediencia de esa primera pareja. Comienzan los dolores de parto y luego, el dolor de una madre ver a un hijo matar a su otro hijo.

*"Y dijo Caín a su hermano Abel: Salgamos al campo. Y aconteció que estando ellos en el campo Caín se levanto contra su hermano Abel, y lo mato."* **Génesis 4:8**

Fue el comienzo de las lágrimas de la madre por sus hijos. Fue el comienzo de ella no ver a su marido, hasta el alba, trabajando y cultivando la tierra para poder comer con el sudor sobre su frente. Ya el agua no llegaba alrededor de la casa como en el Edén, donde los ríos corrían alrededor.

*"Y salía de Edén un río para regar el huerto, y de allí se repartía en cuatro brazos."*
**Génesis 2:10**

Ahora tenía que ir a buscar el agua para poder beber. Aun la piel de su cuerpo que había sido creada para nunca envejecer, comenzaba a ennegrecerse por el sol y mientras pasaban los años, comenzaban las arrugas. Ahora había contaminación en la tierra y en las aguas porque había entrado la muerte. La creación que fue creada por Dios para que viviera una eternidad, ahora comenzó a morir y a contaminar las aguas. Las plantas que eran rociadas por los ríos de agua viva que habían en el Edén, dejaron de dar fruto y entró el diluvio donde se ahogó toda la creación y solamente sobrevive la familia de Noé.

# CAPÍTULO 2
## La Madre de Naciones
### QUE COMENZÓ A EXHIBIR SU BELLEZA

Entre todo lo sucedido, Dios encuentra un amigo llamado ABRAM. Lo llama con su esposa, Sara, una mujer que sabía exhibir su belleza. Esta mujer caminaba lado a lado de su marido. Ella no temió al llamado que Dios le hace a su marido.

*"Pero Jehová había dicho a Abram: Vete de tu tierra y de tu parentela, y de la casa de tu padre, a la tierra que te mostraré."*
**Génesis 12:1**

Comenzó el marido a confiar nuevamente en su mujer. Le honra y reconoce su belleza, la envía primero en su jornada, a confrontarse con los reyes y le pide un favor,

*"Ahora, pues, di que eres mi hermana, para que me vaya bien por causa tuya y viva mi alma por causa de ti."*
**Génesis 12:13**

La historia nos cuenta que lo peor para la belleza de una mujer es caminar en el desierto, ya que el sol y el viento seco resecan y dañan su piel. Pero dicen que entre más Sara caminaba por los desiertos, más bella era. Cuando los reyes la miraban eran atraídos por su belleza. El secreto de su belleza fue la sumisión a su marido. Desde mis 25 años de edad, aprendí a aplicarme ese secreto sobre la Belleza de la Mujer.

*"Como Sara obedecía a Abraham, llamándole señor; de la cual vosotras habéis venido a ser hijas, si hacéis el bien, sin temer ninguna amenaza."*
**1 Pedro 3:6**

Aprendí que mi primer espejo para embellecerme es la Biblia. Aprendí de nuestra Madre Sara, que el secreto de la belleza de la mujer está en acomodarse a los planes de su esposo sin tener ninguna amenaza.

*"Porque así también se ataviaban en otro tiempo aquellas santas mujeres que esperaban en Dios, estando sujetas a sus maridos."*
**1 Pedro 3:5**

Aprendí que la belleza de la mujer comienza desde adentro hacia afuera.

*"Vuestro atavío no sea el externo de peinados ostentosos, de adornos de oro o de vestidos lujosos, sino el interno, el del corazón, en el incorruptible ornato de un espíritu afable y apacible, que es de grande estima delante de Dios."*
**1 Pedro 3:3-4**

Por eso escribí el libro "El Adorno Interior". Según el Espíritu del Señor cayó sobre mí, también ha caído sobre miles de mujeres y sobre todo, ha caído sobre esposas de Pastores para Exhibir Su Belleza, porque tomaron la sumisión en serio. Y aquellas que su alma había sido arrugada por el rechazo, decepciones, abuso verbal, abuso sexual y físico comienzan a cambiar con la Palabra. Muchas mujeres que han venido a nuestros eventos con manchas en su corazón por el pecado, han sido lavadas con la sangre del cordero de Dios y hoy pueden **Exhibir Su Belleza** y nada, ni nadie las puede intimidar. Muchas han sido marcadas y heridas por el rechazo, abuso verbal, abuso físico u abuso sexual, donde el único remedio fue el divorcio. Pero hoy Jesús les repite las mismas palabras que le dijo a la mujer que fue acusada en el acto del adulterio:

*"Enderezándose Jesús, y no viendo a nadie
sino a la mujer, le dijo:
Mujer, ¿Dónde están los que te acusaban?
¿Ninguno te condeno?
Ni yo te condeno,
vete y no peques mas."*
**Juan 8:10-11**

## CAPÍTULO 3
# Tres Mujeres Gentiles
### EXHIBEN SU BELLEZA EN LA GENEALOGÍA DE JESÚS

Hay mujeres que su vida no es fácil y pasan por tragedias donde el enemigo trata de intimidarlas acusándolas de su pasado. Siempre recuerdo el tema de uno de los libros que escribió mi amado esposo, "Convirtiendo Tus Errores en Milagros." Dios puede hacer que el dolor de tu pasado deje un testimonio en la genealogía de los tuyos. Cuando entregas tu vida a Jesús, él no solamente te salva sino que también te sana de tu pasado y se cumple en tu vida lo que dice la palabra, de que todo obra para bien para los que aman a Dios.

*"Y sabemos que a los que aman a Dios, todas las cosas les ayudan a bien, esto es, a los que conforme a su propósito son llamados."*
**Romanos 8:28**

Me impresionan tres mujeres que se mencionan en la genealogía de Jesús, (**Mateo 1:1-17**)—que hicieron lo imposible para que sus sueños se realizaran. Ellas son Tamar, Rahab y Rut. Tamar era Cananea—aunque no se habla mucho de su genealogía. Rahab era de Jericó y Rut era de Moab.

## UNA MUJER MENCIONADA EN LA GENEALOGÍA DE JESÚS ES TAMAR
**Génesis 38:6-30**

*"Y sea tu casa como la casa de Fares, el que Tamar dio a luz a Judá, por la descendencia que de esa joven te dé Jehová."*
**Rut 4:12**

*"Y Tamar su nuera dio a luz a Fares y a Zera. Todos los hijos de Judá fueron cinco."*
**1 Crónicas 2:4**

*"Judá engendró de Tamar a Fares y a Zara, Fares a Esrom, y Esrom a Aram."*
**Mateo 1:3**

Cuando se casa con la familia de Judá solo trae dolor y tragedia con su suerte. Su primer esposo, el primogénito de Judá, llamado Er—

*"Después Judá tomó mujer para su primogénito Er, la cual se llamaba Tamar. Y Er, el primogénito de Judá, fue malo ante los ojos de Jehová, y le quitó Jehová la vida."*
**Génesis 38:6-7**

Su segundo esposo, Onán—

*"Entonces Judá dijo a Onán: Llégate a la mujer de tu hermano,
y despósate con ella, y levanta descendencia a tu hermano.
Y sabiendo Onán que la descendencia no había de ser suya,
sucedía que cuando se llegaba a la mujer de su hermano,
vertía en tierra, por no dar descendencia a su hermano.
Y desagradó en ojos de Jehová lo que hacía, y a él también le quitó la vida."*
**Génesis 38:8-10**

Su suegro la envía a la casa de su padre prometiendo su tercer hijo, Sela—

*"Y Judá dijo a Tamar su nuera: Quédate viuda en casa de tu padre hasta que crezca
Sela mi hijo; porque dijo: No sea que muera él también como sus hermanos.
Y se fue Tamar, y estuvo en casa de su padre."*
**Génesis 38:11**

Aunque no hay evidencia de su fe en Dios, ella parecía tener algún conocimiento de la importancia del Mesías en la línea de Judá. Judá es el cuarto hijo de Jacob, su nombre significa "alabanza" ya que cuando su madre Lea dio a luz dijo:

*"Esta vez alabaré a Jehová, y por esto llamó su nombre Judá."*
**Génesis 29:35**

La bendición de su padre fue una de alabanza (**Génesis 49:8-12**). Fue la tribu de Judá que dirigió al pueblo de Israel en el desierto. Fue la primera tribu en alabar a David, proclamándolo Rey. El suegro de Tamar, no cumple su promesa — me imagino que tenía temor en darle su último hijo, ya que todos habían muerto con ella.

> *"Pasaron muchos días, y murió la hija de Súa, mujer de Judá. Después Judá se consoló, y subía a los trasquiladores de sus ovejas a Timnat, él y su amigo Hira el adulamita. Y fue dado aviso a Tamar, diciendo:*
> *He aquí tu suegro sube a Timnat a trasquilar sus ovejas."*
> **Génesis 38:12-13**

Tamar pensó en una estrategia en como ella iba a tener simiente de la tribu de Judá. Ella se quita el vestido de su viudez y miremos lo que hace.

> *"Entonces se quitó ella los vestidos de su viudez, y se cubrió con un velo, y se arrebozó, y se puso a la entrada de Enaim junto al camino de Timnat; porque veía que había crecido Sela, y ella no era dada a él por mujer."*
> **Génesis 38:14**

Se vende como ramera a su suegro con condiciones—

> *"Y la vio Judá, y la tuvo por ramera, porque ella había cubierto su rostro. Y se apartó del camino hacia ella, y le dijo: Déjame ahora llegarme a ti: pues no sabía que era su nuera; y ella dijo: ¿Qué me darás por llegarte a mí? (Ella ya tenía una estrategia) El respondió: Yo te enviaré del ganado un cabrito de las cabras. Y ella dijo: Dame una prenda hasta que lo envíes. Entonces Judá dijo: ¿Qué prenda te daré? Ella respondió: Tu sello, tu cordón, y tu báculo que tienes en tu mano. Y él se los dio, y se llegó a ella, y ella concibió de él. Luego se levantó y se fue, y se quitó el velo de sobre sí, y se vistió las ropas de su viudez. Y Judá envió el cabrito de las cabras por medio de su amigo el adulamita, para que éste recibiese la prenda de la mujer; pero no la halló. Y preguntó a los hombres de aquel lugar, diciendo: ¿Dónde está la ramera de Enaim junto al camino? Y ellos le dijeron: No ha estado aquí ramera alguna. Entonces él se volvió a Judá, y dijo: No la he hallado; y también los hombres del lugar dijeron: Aquí no ha estado ramera. Y Judá dijo: Tómeselo para sí, para que no seamos menospreciados; he aquí yo he enviado este cabrito, y tú no la hallaste."*
> **Génesis 38:15-23**

Su estrategia, bien planificada, la salvó a ella y a sus criaturas,

*"Sucedió que al cabo de unos tres meses fue dado aviso a Judá, diciendo: Tamar tu nuera ha fornicado, y ciertamente está encinta a causa de las fornicaciones. Y Judá dijo: Sacadla, y sea quemada. Pero ella, cuando la sacaban, envió a decir a su suegro: Del varón cuyas son estas cosas, estoy encinta. También dijo: Mira ahora de quién son estas cosas, el sello, el cordón y el báculo."*
**Génesis 38:24-30**

El sello era una identificación personal que colgaba de un cordón ceñido al cuello de su dueño. El báculo poseía probablemente un labrado distintivo en la punta. Tamar tenía aptitudes para su drama; sabía que nadie en la familia podía identificar tan rápido al dueño de aquellos objetos.

*"Entonces Judá los reconoció, y dijo: Más justa es ella que yo, por cuanto no la he dado a Sela mi hijo."*
**Génesis 38:26**

Nota bien que como entre tantas mujeres en el Antiguo Testamento, Tamar es mencionada por su nombre.

*"Judá fue padre de Fares y de Zara, cuya madre fue Tamar."*
**Mateo 1:3**

## LA SEGUNDA MENCIONADA EN LA GENEALOGÍA DE JESÚS ES RAHAB LA RAMERA
**Josué 2:1, 3; 6:17-25**

Su nombre significa "Ra" de dioses de Egipto RAHAB significa *insolencia, ferocidad, amplio y extenso.*

*"Josué hijo de Nun envió desde Sitim dos espías secretamente, diciéndoles: Andad, reconoced la tierra, y a Jericó. Y ellos fueron, y entraron en casa de una ramera que se llamaba Rahab, y posaron allí."*
**Josué 2:1**

### Recibe a los Espías de Israel en Su Casa

*"Entonces el rey de Jericó envió a decir a Rahab:
Saca a los hombres que han venido a ti, y han entrado a tu casa;
porque han venido para espiar toda la tierra."*
**Josué 2:3**

### Esconde a los Espías Arriesgando Su Vida

*"Pero la mujer había tomado a los dos hombres y los había escondido; y dijo: Es verdad que unos hombres vinieron a mí, pero no supe de dónde eran. Y cuando se iba a cerrar la puerta, siendo ya oscuro, esos hombres se salieron, y no sé a dónde han ido; seguidlos aprisa, y los alcanzaréis. Mas ella los había hecho subir al terrado, y los había escondido entre los manojos de lino que tenía puestos en el terrado y los hombres fueron tras ellos por el camino del Jordán, hasta los vados; y la puerta fue cerrada después que salieron los perseguidores."*
**Josué 2:4-7**

Rahab fue mujer de influencia en Jericó y los hombres conocían muy bien su casa. Aunque su profesión era una de ramera, ella temía al Dios de Israel.

*"Antes que ellos se durmiesen, ella subió al terrado, y les dijo: Sé que Jehová os ha dado esta tierra; porque el temor de vosotros ha caído sobre nosotros, y todos los moradores del país ya han desmayado por causa de vosotros. Porque hemos oído que Jehová hizo secar las aguas del Mar Rojo delante de vosotros cuando salisteis de Egipto, y lo que habéis hecho a los dos reyes de los amorreos que estaban al otro lado del Jordán, a. Sehón y a Og, a los cuales habéis destruido. Oyendo esto, ha desmayado nuestro corazón; ni ha quedado más aliento en hombre alguno por causa de vosotros, porque Jehová vuestro Dios es Dios arriba en los cielos y abajo en la tierra."*
**Josué 2:8-11**

Quien sabe la única manera que ella podía sostener a su familia era por medio de vender su cuerpo como ramera. Pero en la misericordia de Dios ella pudo conocer, *"el Dios de arriba de los cielos y el Dios abajo en la tierra"* y con temor cuidó de los dos espías que Dios había enviado a Jericó.

Ellos muy bien pudieron ir a la casa de una familia de principios morales y cristianos, pero no, Dios los envía a la casa de una ramera. Aquí estamos viendo otra vez el plan de redención y perdón de nuestro Salvador Jesucristo. Aun ella está en la genealogía de nuestro Salvador y Señor Jesucristo. Quien sabe si ella era la proveedora de toda su familia.

*"Os ruego pues, ahora, que me juréis por Jehová, que como he hecho misericordia con vosotros, así la haréis vosotros con la casa de mi padre, de lo cual me daréis una señal segura; y que salvaréis la vida a mi padre y a mi madre, a mis hermanos y hermanas, y a todo lo que es suyo; y que libraréis nuestras vidas de la muerte."*
**Josué 2:12-13**

### Hace Juramento con Ellos

*"Ellos le respondieron: Nuestra vida responderá por la vuestra, si no denunciareis este asunto nuestro; y cuando Jehová nos haya dado la tierra, nosotros haremos contigo misericordia y verdad. Entonces ella los hizo descender con una cuerda por la ventana; porque su casa estaba en el muro de la ciudad, y ella vivía en el muro. Y les dijo: Marchaos al monte, para que los que fueron tras vosotros no os encuentren; y estad escondidos allí tres días, hasta que los que os siguen hayan vuelto; y después os iréis por vuestro camino. Y ellos le dijeron: Nosotros quedaremos libres de este juramento con que nos has juramentado. He aquí, cuando nosotros entremos en la tierra, tú atarás este cordón de grana a la ventana por la cual nos descolgaste; y reunirás en tu casa a tu padre y a tu madre, a tus hermanos y a toda la familia de tu padre. Cualquiera que saliere fuera de las puertas de tu casa, su sangre será sobre su cabeza, y nosotros sin culpa. Mas cualquiera que se estuviere en casa contigo, su sangre será sobre nuestra cabeza, si mano le tocare. Y si tú denunciares este nuestro asunto, nosotros quedaremos libres de este tu juramento con que nos has juramentado."*
**Josué 2:14-20**

### Es Mujer de Palabra

*"Ella respondió: Sea así como habéis dicho. Luego los despidió, y se fueron; y ella ató el cordón de grana a la ventana."*
**Josué 2:21**

## Su Rescate Fue Un Milagro de Sus Hechos

*"Y será la ciudad anatema a Jehová, con todas las cosas que están en ella; solamente Rahab la ramera vivirá, con todos los que estén en casa con ella, por cuanto escondió a los mensajeros que enviamos. Entonces el pueblo gritó, y los sacerdotes tocaron las bocinas; y aconteció que cuando el pueblo hubo oído el sonido de la bocina, gritó con gran vocerío, y el muro se derrumbó. El pueblo subió luego a la ciudad, cada uno derecho hacia adelante, y la tomaron. Y destruyeron a filo de espada todo lo que en la ciudad había; hombres y mujeres, jóvenes y viejos, hasta los bueyes, las ovejas, y los asnos. Mas Josué dijo a los dos hombres que habían reconocido la tierra: Entrad en casa de la mujer ramera, y haced salir de allí a la mujer y a todo lo que fuere suyo, como lo jurasteis. Y los espías entraron y sacaron a Rahab, a su padre, a su madre, a sus hermanos y todo lo que era suyo; y también sacaron a toda su parentela, y los pusieron fuera del campamento de Israel. Y consumieron con fuego la ciudad, y todo lo que en ella había; solamente pusieron en el tesoro de la casa de Jehová la plata y el oro, y los utensilios de bronce y de hierro. Mas Josué salvó la vida a Rahab la ramera, y a la casa de su padre, y a todo lo que ella tenía; y habitó ella entre los israelitas hasta hoy, por cuanto escondió a los mensajeros que Josué había enviado a reconocer a Jericó."*
**Josué 6:17, 20-25**

Rahab es reconocida o mencionada en el Nuevo Testamento tres veces. En la genealogía de Jesús—

*"Salmón engendró de Rahab a Booz, Booz engendró de Rut a Obed, y Obed a Isaí. Isaí engendró al Rey David."*
**Mateo 1:5-6**

## Es Reconocida Como Una Héroe de la Fe

*"Por la fe Rahab la ramera no pereció juntamente con los desobedientes, habiendo recibido a los espías en paz."*
**Hebreos 11:31**

Santiago habla de ella como un ejemplo de la fe acompañada con obras.

> *"Asimismo también Rahab la ramera, ¿no fue justificada por obras, cuando recibió a los mensajeros y los envió por otro camino?"*
> **Santiago 2:25**

Vino a terminar siendo la esposa de Salmón, cual se cree que fue uno de los espías que fueron a su casa, de la casa de Judá. Luego viene a ser la madre de Booz. Los abuelos del Rey David. ¡Que honor!

## LA TERCERA MUJER MENCIONADA EN LA GENEALOGÍA DE JESÚS ES RUT LA MOABITA

Rut fue una mujer que se levantó de pobreza extrema a riquezas. Su nombre significa *compasión y amistad*. Su persistencia la lleva al trono. La virtud primordial de Rut es su diligencia en sus objetivos, fue una mujer firme que se mantuvo fiel al compromiso con su suegra.

> *"Respondió Rut: No me ruegues que te deje, y me aparte de ti; porque a dondequiera que tú fueres, iré yo, y dondequiera que vivieres, viviré. Tu pueblo será mi pueblo, y tu Dios mi Dios. Donde tú murieres, moriré yo, y allí seré sepultada; así me haga Jehová, y aun me añada, que sólo la muerte hará separación entre nosotras dos."*
> **Rut 1:16-17**

### Rut Era Incansable Mientras Trabajaba en los Campos

> *"Y ha dicho: Te ruego que me dejes recoger y juntar tras los segadores entre las gavillas. Entró, pues, y está desde por la mañana hasta ahora, sin descansar ni aun por un momento. Espigó, pues, en el campo hasta la noche, y desgranó lo que había recogido, y fue como un efa de cebada."*
> **Rut 2:7, 17**

El resultado de esta constancia fue que contrajo matrimonio con Booz y Obed nació de éste matrimonio. Obed llega a ser padre de Isaí, progenitor a su vez del Rey David.

*"Y le dieron nombre las vecinas, diciendo: Le ha nacido un hijo a Noemí;*
*y lo llamaron Obed. Este es padre de Isaí, padre de David."*
**Rut 4:17**

Mas aún, como Jesús proviene de la simiente de David, la moabita Rut llegó a formar parte del linaje Mesiánico. Su recompensa fue ser parte de la genealogía de Jesús.

*"Salmón engendró de Rahab a Booz, Booz engendró de Rut a Obed, y Obed a Isaí."*
**Mateo 1:5**

Mujer, aprendamos de estas mujeres a ser determinadas hasta alcanzar los propósitos de Dios para nuestras vidas. Para Dios el pasado no cuenta sino el presente y el futuro. No permitas que tu pasado limite tus sueños.

*"No os acordéis de las cosas pasadas, ni traigáis a memoria las cosas*
*antiguas. He aquí que yo hago cosa nueva; pronto saldrá a luz; ¿no la conoceréis?*
*Otra vez abriré camino en el desierto, y ríos en la soledad."*
**Isaías 43:18-19**

En estas mujeres vemos que el Evangelio es por gracia.

*"Porque por gracia sois salvos por medio de la fe;*
*y esto no de vosotros, pues es don de Dios."*
**Efesios 2:8**

Solo por Su gracia es que podemos realizar nuestros sueños y exhibir nuestra belleza por siglos. Estas mujeres existieron más de cinco mil años atrás y todavía hoy se reconoce su Belleza.

# CAPÍTULO 4
## Tu Belleza Te Ayuda
### A SOBREVIVIR EN LA ESCASEZ

La mujer tiene un lugar muy especial en el corazón de Dios. Fue creada con un poder de influencia sin límites. Aún el enemigo conoce el poder que hay en la mujer. El ejemplo se ve desde Génesis cuando el enemigo usa la serpiente para que Eva convenciera a su esposo Adán a comer del árbol prohibido. En los tiempos presentes la mujer ha alcanzado grandes logros en estudios, profesiones, negocios y aun muchas madres solteras han comprado sus casas solas.

En la Biblia también hay mujeres que sobrevivieron en medio de la escases. El libro de Rut es la primera historia en la Biblia que nos da una escena que va de una extrema pobreza a abundantes riquezas. La historia habla de tres mujeres, Noemí, Rut y Orfa. Noemí es la esposa de Elimelec de Belén y al llegar una escases salen hacia Moab en busca de alimento. El resultado de su partida fue doloroso. Era un mandato de Dios confiar en su provisión en medio de la escasez. Elimelec hizo lo contrario saliendo de Belén con sus dos hijos, Mahlón que significa *el enfermo* y Quelión que significa *el que desgasta*. Primero muere el padre, Elimelec y luego sus dos hijos se casan con mujeres Moabitas, gentiles, extranjeras que servían a otros dioses. El resultado final de éste viaje fue tres viudas, Noemí, Rut y Orfa, tres desamparadas. Rut y Orfa quedan viudas a los diez años de casadas y tienen que tomar una decisión de quedarse en Moab con su parentela y seguir a sus dioses en su terreno conocido o seguir a su suegra Noemí a Belén, una tierra extraña para ellas. ORFA, llega hasta mitad del camino y se regresa. RUT, sigue fiel a su suegra y cuando su suegra le pide que se regrese a su tierra ella le contesta:

*"No me ruegues que te deje, y me aparte de ti; porque a dondequiera que tu fueres, iré yo, y dondequiera que vivieres, viviré. Tu pueblo será mi pueblo, y tu Dios mi Dios. Donde tu murieres, moriré yo, y allí seré sepultada; así me haga Jehová, y aun me añada, que solo la muerte hará separación entre nosotras dos."*
**Rut 1:16**

Me parece que Ruth conocía el versículo que Jesús dijo a sus discípulos:
*"Como el Hijo del Hombre no vino para ser servido, sino para servir, y para dar su vida en rescate por muchos."*
**Mateo 10:28**

Ella llegaba a Belén para servir a su suegra. Su suegra ya estaba anciana y muy amargada debido a la perdida de su esposo y dos hijos y encima de eso nunca tuvo nietos. No había nadie que pudiera cuidar de ella y menos de su nuera extranjera, Rut le pide permiso para ir al campo a recoger espigas.

*"Y Rut la moabita dijo a Noemí: Te ruego que me dejes ir al campo, y recogeré espigas en pos de aquel a cuyos ojos hallare gracia. Y ella le respondió: Ve, hija mía."*
**Rut 2:2**

Es de la misma manera que necesitamos ir a Dios:

*"Acerquémonos, pues, confiadamente al trono de la gracia, para alcanzar misericordia y hallar gracia para el oportuno Socorro."*
**Hebreos 4:16**

Su disposición y SU ARDUA LABOR sobrepasa a las demás trabajadoras.

*"Te ruego que me dejes recoger y juntar tras los segadores entre las gavillas. Entro pues, y esta desde por la mañana hasta ahora, sin descansar ni aun por un momento."*
**Rut 2:7**

Booz era el dueño de aquella tierra, era muy rico y familia del suegro de Rut, Elimelec. Su manera de trabajar hizo que Booz se fijara en ella. (**Rut 2:1**)

*"Y he aquí Booz vino de Belén ... Y Booz dijo a su criado el mayordomo de los segadores: ¿De quien es esta joven?"*
**Rut 2:4-5**

Su criado en un día, tenía un reporte del carácter de Rut.

*"Entró, pues, y está desde por la mañana hasta ahora, sin descansar ni aun por un momento."*
**Rut 2:7**

Booz inmediatamente se dio cuenta que Rut no era cualquier extranjera y le da instrucciones. (**Rut 2:8-9**)

*Oye, hija mía...*
1. *No te vayas a espigar a otro campo*
2. *Ni pases de aquí*
3. *Aquí estarás junto a mis criadas*
4. *Mira bien el campo que siegan*
5. *Síguelas*
6. *Yo he mandado que mis criados no te molesten*
7. *Cuando tengas sed, ve a las vasijas, y bebe del agua que sacan los criados*

La actitud y respuesta de Rut impactó a Booz...

*"Ella entonces bajando su rostro se inclino sobre la tierra..."*
**Rut 2:10**

Las actitudes son más fuertes que palabras. La altivez le ha robado a la mujer muchos de sus derechos y bendiciones. En sus cortas palabras reconoce que es una extranjera pero sin complejos:

*"¿Por qué he hallado gracia en tus ojos para que me reconozcas, siendo yo extranjera?"*
**Rut 2:10**

## En Poco Tiempo Ya Booz Conocía Toda Su Vida

*"Y respondiendo Booz, le dijo: He sabido todo lo que has hecho con tu suegra después de la muerte de tu marido, y que dejando a tu padre y a tu madre y la tierra donde naciste, has venido a un pueblo que no conociste antes. Jehová recompense tu obra, y tu remuneración sea cumplida de parte de Jehová Dios de Israel, bajo cuyas alas has venido a refugiarte."*
**Rut 2:11-12**

Si Booz, siendo hombre vio la obra de ella, ¡cuanto más Dios ve tu labor y entrega! La recompensa es en el tiempo de Dios. Hay estaciones en la vida que debes aprender a esperar. Rut estaba tan segura de si misma y expresa libremente sus sentimientos diciendo:

*"Y ella dijo: Señor mío, halle yo gracia delante de tus ojos;*
*porque me has consolado, y porque has hablado al corazón de tu sierva,*
*aunque no soy ni como una de tus criadas."*
**Rut 2:13**

**Booz le da más instrucciones cuando le dice…**

*"Ven aquí y come del pan"* y *"Moja tu bocado en el vinagre"*
**Rut 2:14**

El vino era lo que le daba sabor a la comida y era refrescante para los trabajadores que estaban bajo el sol caliente. Esto me hace recordar a Jesús cuando dijo que tenía sed y le mojan una esponja en vinagre. Y el responde, *"Consumado Es"* en **Juan 19:27-30**. *Consumada* fue la obra en Rut para un nuevo comienzo en la vida de ella y su suegra. Le dio del potaje pero Rut saca una porción de su comida para llevársela a su suegra. Booz le da instrucciones a sus criados sobre esta hermosa extranjera que había llegado a su campo en Rut 2:15-16.

**Instrucciones Para los Criados:**
1. *Que recoja también espigas* – Rut se ganó el grado de confianza para ser una de sus criadas
2. *No la avergoncéis*
3. *Dejen caer de los manojos para que ella los recoja*
4. *No la reprendas*

Fue un nuevo comienzo para Rut de honra y honor, no podían hacerle daño ni rechazarla por ser extranjera. Mujer no temas a lo que puedan decir de los extranjeros.

*"De Jehová es la tierra y su plenitud; el mundo, y los que en el habitan."*
**Salmos 24:1**

Por la tarde regresó a su suegra con comida de la que le había sobrado de su almuerzo. Le informa todo lo que sucedió en el día y Rut termina el tiempo de la siega trabajando y cuidando de su suegra.

Cada nuevo comienzo tiene sus etapas y no puedes brincarlas porque puedes echar a perder el propósito de Dios en tu vida. Su suegra Noemí, se da cuenta que Booz es pariente de ella y le da instrucciones a Rut. He reconocido que es sumamente importante escuchar el consejo de los ancianos ya que la sabiduría va acompañada de la experiencia, y si honramos el consejo de los ancianos, Dios nos honra.

*"Haré todo lo que tu me mandes."*
**Rut 3:5**

Esta fue la respuesta de Rut a su suegra. Cuando tú aceptas y obedeces el consejo sabio en humildad, serás exaltada en el tiempo de Dios.

*"Dios exalta a los humildes."*
**Salmo 147:6**
*"La honra procede la humildad."*
**Proverbios 15:33**
*"Dios pone en altura los humildes."*
**Job 5:11**
*"Comerán los humildes y serán saciados."*
**Salmo 22:26**
*A los humildes de espíritu, sustenta de honra."*
**Proverbios 29:23**

Rut obedeció el consejo de su suegra y la respetaba con mucha honra. El consejo de su suegra, el consejo de Noemí, es el mismo que hoy te doy para que conquistes nuevos sueños y exhibas tu belleza.

| | |
|---|---|
| Te Lavarás – *con en el lavamiento de la Palabra* | |
| Te Ungirás – *con el aceite fresco del Espíritu Santo* | |
| Vístete – *con la cota de mi justicia* | |
| Irás a la era – *Camina en los propósitos de Dios para ti* | |
| En secreto ve donde él se acuesta – *Tu Padre que te ve en secreto te ha de recompensar en público* | |
| Descubrirás sus pies – *Mi Palabra será lámpara a tus pies y lumbrera a tu camino* | |
| Te acostarás allí – *Estarás quieta y conocerás que Yo Soy Dios* | |
| Y cuando hagas todo esto – *El te dirá lo que has de hacer* | |

Me parece que Rut conocía bien al Dios de Noemí ya que nunca se oye de sus labios palabras o acciones negativas. Para tú poder tener éxito como mujer en éste tiempo, necesitas tener contacto a diario con Dios y con mujeres como Noemí. Necesitas levantar el altar de oración en tu propia vida.

### 5 COSAS QUE SUCEDEN AL LEVANTAR EL ALTAR DE ORACIÓN

**El Amor Por Dios y el Prójimo Aumenta**

*Jesús le dijo: Amarás al Señor tu Dios con todo tu corazón, y con toda tu alma, y con toda tu mente. Este es el primero y grande mandamiento. Y el segundo es semejante: amarás a tu prójimo como a ti mismo. De estos dos mandamientos depende toda la ley y los profetas.*

**Mateo 22:37-40**

**Se Enciende la Lámpara Para Alumbrar Tu Caminar**

*"Lámpara es a mis pies tu palabra, Y lumbrera a mi camino."*

**Salmo 119:105**

**Aprendes a Temer a Dios y Aumentas en Sabiduría**

*"El principio de la sabiduría es el temor de Jehová."*

**Proverbios 1:7**

**Acción de Gracias**

**Adoración Por Quien es Dios y Alabanza Por lo Que Ha Hecho**

*"Bendice alma mía a Jehová y bendiga todo mi ser su santo nombre."*

**Salmo 103:1**

**Rendimiento Total a Dios**

*"Fíate de Jehová de todo tu corazón y no te apoyes en tu propia prudencia. Reconócelo en todos tus caminos, y él enderezara tus veredas."*

**Proverbios 3:5**

Rut aprendió a echar todas sus ansiedades sobre Dios y él cuidó de ella y su suegra. La diligencia y entrega de Rut le dio el honor de ser la bisabuela del Rey David y su nombre está en la genealogía de Jesús. Solo hay dos libros bíblicos de mujeres en la Biblia cuales son: Ester y Rut. Son bien reconocidos en la fiestas de Israel. Los judíos leen el libro de Ester en las fiesta de Purim y el libro de Rut lo leen en la fiesta de Pentecostés.

## Consejo de Noemi

| | |
|---|---|
| Te Lavarás | CON EN EL LAVAMIENTO DE LA PALABRA |
| Te Ungirás | CON EL ACEITE FRESCO DEL ESPÍRITU SANTO |
| Vístete | CON LA COTA DE MI JUSTICIA |
| Irás a la Era | CAMINA EN LOS PROPÓSITOS DE DIOS PARA TI |
| En Secreto Ve Donde El Se Acuesta | TU PADRE QUE TE VE EN SECRETO TE HA DE RECOMPENSAR EN PÚBLICO |
| Descubrirás Sus Pies | MI PALABRA SERÁ LÁMPARA A TUS PIES Y LUMBRERA A TU CAMINO |
| Te Acostarás Allí | ESTARÁS QUIETA Y CONOCERÁS QUE YO SOY DIOS |
| Y cuando hagas todo esto | EL TE DIRÁ LO QUE HAYAS DE HACER |

# CAPÍTULO 5
## *Mujer Marcando*
### HUELLAS EN EL CORAZÓN DE TU FAMILIA

Una huella es una señal que deja el pie en la tierra, es una marca dejada por la yema de los dedos de las manos en los objetos. En la cruz, los clavos dejaron huellas en los pies y en las manos de nuestro Señor Jesús. Aun la espada que traspasó Su costado marcó huellas de amor y perdón para toda la humanidad. Las huellas pueden dejar una impresión profunda y duradera, como fueron las de Jesús. Aun Sus palabras siguen marcando huellas en cada corazón.

Las huellas nos pueden marcar para toda la vida en forma positiva como al igual, en forma negativa. Hay personas que han marcado huellas en generaciones pasadas. Presidentes han marcado huellas por generaciones. Dos Presidentes de los Estados Unidos, presentaron nuevamente, la resolución que el Primer Congreso había establecido de convocar un día de ayuno y oración por la nación cuales fueron el Presidente Truman en el 1952 y el Presidente Ronald Reagan en el 1988 fue quien enmendó la ley para que cada primer jueves de mayo se separara el Día Nacional de Oración.

Grandes apóstoles, profetas, evangelistas, pastores y maestros siguen marcado huellas en el corazón de las familias, tal como el Evangelista Yiye Avila y Billy Graham. Mi propia madre, Angelina Rosario, tomó tres años para escribir su biografía, con el tema; **El Llamado No Tiene Fin** con solo tener educación primaria y hasta hoy sigue llevando el mensaje del Evangelio sin intimidarse, a hombres y mujeres de cualquier nivel social. ¡Y como buscan de ella el consejo sabio! Todavía a sus 84 años conoce las Escrituras y cada mañana tiene una palabra fresca para dar y aun sigue escribiendo libros.

Las huellas más fuertes que deben marcar cada generación deben venir de la familia como de los padres, hermanos, tíos, abuelos o bisabuelos. Las huellas que marcamos en el corazón de nuestros hijos afectaran su carácter. Como padres necesitamos estar conscientes de las etapas del desarrollo de nuestros hijos para instruirlos en el camino. En hebreo, *instruye* significa entrenarlos o desarrollar en ellos sed.

*"Instruye al niño en su camino, y aun cuando fuera viejo no se apartará de él."*
**Proverbios 22:6**

## Hay 3 Etapas Importantes en el Desarrollo de los Niños

| Edad de 1 a 6 Años | Desarrollan Actitudes |
|---|---|
| Edad de 7 a 12 Años | Desarrollan Hábitos |
| Edad de 13 a 18 Años | Desarrollan su Carácter |

La sociedad marcó a mis hijos como Generación X. Era tan grande el número de niños sin padre, especialmente extranjeros en Estados Unidos, que pensaron que esta generación carecería de recursos financieros y menos respaldo de los padres para que ellos pudieran ser alguien en la sociedad o hacer algo por la sociedad. Esa generación luchó por su identidad. Fue de esa generación que muchos homosexuales salieron del closet. Pero mi amado y yo determinamos que nuestros hijos llevarían las huellas de la Palabra de Dios. En ella está la sabiduría de los siglos, es más que la plata, es más deseable que el oro afinado y mas dulce que miel que destila del panal. La Palabra de Dios es la vida del hombre, es la que marca huellas en el corazón del hombre y la mujer, jóvenes e niños y no hay límites donde la Palabra pueda marcar huellas porque es la espada del Espíritu.

*"Las palabra que yo os he dado son espíritu y son vida."*
**Juan 6:63**

*"Porque la palabra de Dios es viva y eficaz, y más cortante que toda espada de dos filos; y penetra hasta partir el alma y el espíritu, las coyunturas y los tuétanos, y discierne los pensamientos y las intenciones del corazón."*
**Hebreos 4:12**

La Palabra es enviada y sana:

*"Envió su palabra, y los sanó, y los libró de su ruina."*
**Salmo 107:20**

Mi amado esposo y yo determinamos confesar esta palabra sobre nuestros hijos y hacia los hijos de nuestros hijos.

*"Y todos tus hijos serán enseñados por Jehová; y se multiplicará la paz de tus hijos."*
**Isaías 54:13**

*"Y este será mi pacto con ellos, dijo Jehová: El Espíritu mío que está sobre ti, y mis palabras que puse en tu boca, no faltarán de tu boca, ni de la boca de tus hijos, ni de la boca de los hijos de tus hijos, dijo Jehová, desde ahora y para siempre."*
**Isaías 59:21**

*"Generación a generación celebrará tus obras, y anunciará tus poderosos hechos."*
**Salmo 145:4**

*"Y la descendencia de ellos será conocida entre las naciones, y sus renuevos en medio de los pueblos; todos los que los vieren, reconocerán que son linaje bendito de Jehová."*
**Isaías 61:9**

## HAY OTRAS HUELLAS QUE MARCAN

Hay otras huellas que marcan en lo negativo, y son las huellas del pecado que engendran maldad, odio, pleitos, infidelidad, oscuridad, engaño, y solo traen conflictos negativos en la familia. También están las huellas de religión y tradiciones humanas que le han robado al pueblo la esencia de quien es Jesús. Mandamientos de hombres que destruyen la relación matrimonial y opacan el testimonio del verdadero Evangelio de Jesucristo.

## ¿QUÉ HUELLAS ESTAS DEJANDO A LA GENERACIÓN VENIDERA?

A mi me impacta la historia de la hija de Herodías, quien vivía con el Rey Herodes. El día del cumpleaños del Rey esta niña danza y mueve el corazón del Rey. La historia se encuentra en **Marcos 6:17-29**. En esta fiesta estaban todos los príncipes y tribunos y a los principales de Galilea. La danza de esta niña agradó tanto al Rey Herodes como a los que estaban con él en la mesa que el Rey y le juró: *"Todo lo que me pidas te daré, hasta la mitad de mi reino."* Dice la historia que la niña le pregunta a su madre: *¿Qué pediré?* Su madre tenía mucho resentimiento contra Juan el Bautista porque le había dicho al Rey que no era lícito vivir con la esposa de su hermano. Y cada día, Herodías buscaba la manera de terminar con la vida de Juan el Bautista. Cuando la niña va donde su madre y le pregunta: *"¿Qué pediré?* ella le dice, *"Pide la cabeza de Juan el Bautista."*

Si podemos mirar la escena, es como si una niña inocente danza delante del Presidente de los Estados Unidos con toda la mesa del Congreso presente y al terminar la danza todos se ponen de pie con aplausos sin fin ¿qué niña no se va a emocionar? Creo que cuando su madre le pide la cabeza de Juan el Bautista ella ni sabe lo que esta pidiendo. Si nos ponemos analizar, el Rey le había prometido hasta la mitad de su reino y esa niña no iba a tener ninguna necesidad financiera ni escasez para alcanzar sus sueños. Pero la madre llena de odio y de amargura echó a perder la puerta de la prosperidad y bendición de su hija.

Creo que hoy día se repite la misma historia con padres llenos de amargura e ira. Dios le ofrece a sus hijos el reino, pero los padres están tan envueltos en su amargura que echan a perder las oportunidades de sus hijos y solo piden la cabeza de Juan el Bautista en un plato, lo cual se puede relacionar con el hecho de deshonrar a los ungidos de Dios frente a sus hijos. Continua la historia y dice las escritura que... *"enseguida el rey, enviando a uno de la guardia, mandó que fuese traída la cabeza de Juan. El guarda fue, le decapitó en la cárcel, y trajo su cabeza en un plato y la dio a la muchacha, y la muchacha la dio a su madre."* ¿Qué haría la madre con aquella cabeza? ¿Cómo terminaría aquella niña después de aquella fiesta? ¿Hacia dónde llegaría su futuro?

Cristo quebrantó toda maldición en la Cruz del Calvario. Él llevó las huellas en Sus manos para sanar el pasado de las historias de maldición. Lo que no es lícito, no es lícito, y la desobediencia deja marcas negativas sobre nuestros hijos.

*"Mi pueblo fue destruido, porque le faltó conocimiento. Por cuanto desechaste el conocimiento, yo te echaré del sacerdocio; y porque olvidaste la ley de tu Dios, también yo me olvidaré de tus hijos."*
**Óseas 4:6**

Pero hay promesa para esta generación cual profetizo Joel:

*"Y en los postreros días, dice Dios, derramaré de mi Espíritu sobre toda carne, y vuestros hijos y vuestras hijas profetizarán; vuestros jóvenes verán visiones, y vuestros ancianos soñarán sueños."*
**Hechos 2:17**

Permite que el Espíritu Santo sea que marque huellas sobre tus hijos. En estos días hay un gran avivamiento sobre la juventud y hay que permitir que las palabras marquen sus corazones para que sean ministros de la verdad.

# CAPÍTULO 6
## Tus Dones
### NO TENGAS TEMOR USARLOS

*"Cada uno según el don que ha recibido, minístrelo a los otros, como buenos administradores de la multiforme gracia de Dios."*
**1 Pedro 4:10**

Cada creyente al recibir a Cristo como su Salvador personal recibe dones. Los dones son regalos de Dios que recibimos al creer los cuales son dotaciones espirituales, dadas al creyente por la dirección del Espíritu Santo con el propósito de llenar ciertas necesidades en ciertos tiempos de manera sobrenatural. Hay dos dones que recibimos al creer, el *don de dar y el don de servir*. Muchas veces nosotros hemos puesto límites a los dones, pero si los dones son habilidades espirituales para la edificación del cuerpo de Cristo, lo cual es la Iglesia, es imposible que todos tengamos los mismos dones en función. Estos dones se desarrollan cada día en la Iglesia para edificar, ayudar y fortalecer la obra de Dios.

## LA MUJER SIEMPRE HA TENIDO UN LUGAR ESPECIAL EN EL PLAN DE DIOS

Eva fue creada para ser la ayuda idónea de Adán. El poder que Dios le dio a la primera pareja era sin límites.

*"Y creo Dios al hombre a su imagen, a imagen de Dios lo creo; varón y hembra los creo. Y los bendijo Dios, y les dijo: Fructificad y multiplicaos, llenad la tierra, y sojuzgadla, y señoread en los peces del mar, en las aves de los cielos, y en todas las bestias que se mueven sobre la tierra."*
**Génesis 1:27-28**

Las mujeres que conocían a Jesús no se preocupaban de que Él conociera su pasado, ellas amaban tanto al Maestro que para ellas, no era imposible entregar su presente, futuro o pasado. Se convirtieron en mujeres sin límites.

## ¿QUÉ ES UN LÍMITE?

Un límite es una línea que no se permite pasar de ella. Es restringirte dentro de ciertos criterios, como excusas que usamos para no ir la segunda milla. Limitamos nuestro aprendizaje cuando creemos que ya lo hemos alcanzado todo. Limitaciones impiden el crecimiento.

### EJEMPLOS DE MUJERES QUE CRUZARON SUS LÍMITES PARA SER BENDICIÓN AL PUEBLO DE DIOS

Las parteras hebreas, Sifra y Fua, tenían temor a Dios sin límites y no temieron al Rey de Egipto ni obedecieron su mandato.

*"Y habló el rey de Egipto a las parteras de las hebreas, una de las cuales se llamaba Sifra, y otra Fúa, y les dijo: Cuando asistáis a las hebreas en sus partos, y veáis el sexo, si es hijo, matadlo; y si es hija, entonces viva. Pero las parteras temieron a Dios, y no hicieron como les manda el rey de Egipto, sino que preservaron la vida de los niños. Y por haber las parteras temido a Dios, él prosperó sus familias."*
**Éxodos 1:15-17, 21**

La sujeción sin límites de Sara, guardó su vida y la de Abraham ante Faraón.

*"Ahora, pues, di que eres mi hermana, para que me vaya bien por causa tuya, y viva mi alma por causa de ti."*
**Génesis 12:13**

Siendo extranjera, Rut la Moabita, no se limitó a trabajar en los campos de Booz.

*"Y ha dicho: Te ruego que me dejes recoger y juntar tras los segadores entre las gavillas. Entró, pues, y está desde por la mañana hasta ahora, sin descansar ni aun por un momento."*
**Rut 2:7**

La Reina Ester, no se limitó a poner su vida por el pueblo de Dios cuando entró a ver al Rey sin ser llamada.

*"Ve y reúne a todos los judíos que se hallan en Susa, y ayunad por mí, y no comáis ni bebáis en tres días, noche y día; yo también con mis doncellas ayunaré igualmente, y entonces entraré a ver al rey, aunque no sea conforme a la ley; si perezco, que perezca."*
**Ester 4:16**

La Mujer Samaritana no permitió que su pasado le pusiera límites para ella testificarle a su pueblo de su encuentro con Jesús.

*"Entonces la mujer dejó su cántaro, y fue a la ciudad, y dijo a los hombres: Venid, ved a un hombre que me ha dicho todo cuanto he hecho. ¿No será éste el Cristo? Entonces salieron de la ciudad y vinieron a Él."*
**Juan 4:28-30**

La mujer del flujo de sangre no permitió que su salud la limitara a tocar el manto de Jesús y alcanzar su sanidad.

*"Y dondequiera que entraba, en aldeas, ciudades o campos, ponían en las calles a los que estaban enfermos, y le rogaban que les dejase tocar siquiera el borde de su manto; y todos los que le tocaban quedaban sanos."*
**Marcos 6:56**

Los dones no tienen límites en el cuerpo de Cristo. Mujer, no pongas límites a tus dones y supremo llamado.

*"Cosas que ojo no vio, ni oído oyó, ni han subido en corazón de hombre, son las que Dios ha preparado para los que le aman."*
**1 Corintios 2:9**

*"Cada uno según el don que ha recibido, minístrelo a los otros, como buenos administradores de la multiforme gracia de Dios."*
**1 Pedro 4:10**

# CAPÍTULO 7
## Mujeres Avanzando

## ¿QUÉ SIGNIFICA AVANZANDO?

Avanzando viene de la palabra *avanzar* que significa pasar adelante, adelantar, acercarse a su fin de tiempo, progresar, mejorar, precipitar, apresurar, apresar botín en la guerra, avanzada, partida de soldados que se adelanta para observar de cerca al enemigo. Dios desea prepararte, para darte las estrategias para la avanzada que le harás al enemigo que ha robado tu paz, quien sabe has perdido tu primer amor a Dios, a tu esposo o a ti misma. Has perdido el gozo y ya no eres la misma, hasta que te encuentres en las páginas de este libro. La Biblia dice que seamos cuidadosas de nuestra casa (**Tito 2:5**) *cuidadosa* se trata de aquella persona que cuida, que toma posesión de cualquier cosa y en éste caso, se refiere a tu casa. En inglés es un *house keeper* cual es igual *ama de casa, ama de llaves* – guardia de la puerta.

**Mujer, hoy el Espíritu Santo de Dios te dice:**

*"Y yo también te digo, que tú eres Pedro ( _____ )*
*y sobre esta roca edificaré mi iglesia*
*¡Edificarás\* tu casa, porque la mujer sabia edifica su casa!*
*Y las puertas del Hades no prevalecerán contra ella.*
*Y a ti (_____) te daré las llaves del reino de los cielos;*
*y todo lo que atares en la tierra será atado en los cielos;*
*y todo lo que desatares en la tierra será desatado en los cielos."*
**Mateo 16:18-19**

## UNA MUJER QUE PUDO AVANZAR EN MEDIO DE LA ADVERSIDAD

En **1 Samuel 25** encontramos a una mujer llamada Abigail, esposa de Nabal. El nombre de Abigail significa *el gozo del Padre.* El significado del nombre Nabal es *necio* y su carácter era de un esposo duro, miserable, mezquino, áspero, de malas obras y del linaje de Caleb. Abigail era todo lo contrario, era una mujer de buen entendimiento y de hermosa apariencia.

La historia da comienzo donde el Rey David esta en el desierto con su ejército y estaba siendo perseguido por Saúl. El consejero del Rey David, el profeta Samuel ya había muerto y David se encontraba cansado y con hambre y aparentemente sin comida.

*"Y oyó David en el desierto que Nabal (el esposo de Abigail) esquilaba sus ovejas. Entonces envió David diez jóvenes y les dijo: Subid a Carmel e id a Nabal, y saludadle en mi nombre, y decidle así: Sea paz a ti, y paz a tu familia, y paz a todo cuanto tienes. He sabido que tienes esquiladores. Ahora, tus pastores han estado con nosotros; no les tratamos mal, ni les faltó nada en todo el tiempo que han estado en Carmel. Pregunta a tus criados, y ellos te lo dirán. Hallen, por tanto, estos jóvenes gracia en tus ojos, porque hemos venido en buen día; te ruego que des lo que tuvieres a mano a tus siervos, y a tu hijo David. Cuando llegaron los jóvenes enviados por David, dijeron a Nabal todas estas palabras en nombre de David, y callaron.*
*Y Nabal respondió a los jóvenes enviados por David, y dijo: ¿Quién es David, y quién es el hijo de Isaí? Muchos siervos hay hoy que huyen de sus señores.*
*¿He de tomar yo ahora mi pan, mi agua, y la carne que he preparado para mis esquiladores, y darla a hombres que no sé de dónde son?*
*Y los jóvenes que había enviado David se volvieron por su camino, y vinieron y dijeron a David todas estas palabras."*
**1 Samuel 25:4-12**

## ABIGAIL ESTA EN MEDIO DE TODO

*"Entonces David dijo a sus hombres: Cíñase cada uno su espada. Y se ciñó cada uno su espada y también David se ciñó su espada; y subieron tras David como cuatrocientos hombres, y dejaron doscientos con el bagaje."*
**1 Samuel 25:13**

Abigail se entera de lo que pasa y como mujer sabia, tenía una buena relación con sus criados con quienes había desarrollado confianza y había ganado su respeto. Como la mujer virtuosa me imagino que…

*"Asignaba tareas a sus criados."*
**Proverbios 31:15**

*"Pero uno de los criados dio aviso a Abigail mujer de Nabal, diciendo:
He aquí David envió mensajeros del desierto que saludasen a nuestro amo,
y él los ha zaherido. Y aquellos hombres han sido muy buenos con nosotros, y nunca
nos trataron mal, ni nos faltó nada en todo el tiempo que anduvimos con ellos,
cuando estábamos en el campo. Muro fueron para nosotros de día y de noche,
todos los días que hemos estado con ellos apacentando las ovejas.
Ahora, pues, reflexiona y ve lo que has de hacer."*
**1 Samuel 25:14-17**

Me parece que Abigail estaba acostumbrada a traer paz a las situaciones que su marido creaba, porque sus criados van a ella por auxilio. Le reportaron a Abigail las siguientes palabras, *"El mal está ya resuelto contra nuestro amo y contra toda su casa; pues él es un hombre tan perverso, que no hay quien pueda hablarle."* Quizás ella era la única que le sabía hablar a su marido.

## ¿CÓMO CONFRONTO LA ADVERSIDAD?

Me imagino que ella estaba tan acostumbrada a estas situaciones que no tuvo que pensar mucho. Era una mujer que había desarrollado confianza en Dios y no dudo que tenía una buena relación con Dios, para saber moverse tan rápidamente y saber cómo preparase para el encuentro, llevando tanta comida tan bien preparada y surtida. Si hubiese sido una mujer sin conocimiento de lo alto, puede que se hubiera turbado y todos los hombres hubiesen perecido, comenzando con su esposo. Pero la mujer virtuosa le da bien y no mal a su marido todos los días de su vida.

*"Entonces Abigail tomó luego doscientos panes, dos cueros de vino, cinco ovejas
guisadas, cinco medidas de grano tostado, cien racimos de uvas pasas, y doscientos
panes de higos secos, y lo cargó todo en asnos."*
**1 Samuel 25:18**

## Abigail Fue Muy Discreta Y Organizada

*"Y dijo a sus criados: Id delante de mí, y yo os seguiré luego;
y nada declaró a su marido Nabal."*
**1 Samuel 25:19**

Ella conocía a Nabal, su esposo, muy bien. Si le decía algo, quien sabe cómo hubiese respondido. Como mujer de buen entendimiento reconocía el momento de callar y el momento de hablar. Era el momento de hablar con el Rey David y callar con su esposo Nabal.

*"Y montando un asno, descendió por una parte secreta del monte;
y he aquí David y sus hombres venían frente a ella y ella les salió al encuentro."*
**1 Samuel 25:20**

Abigail le hizo frente al enemigo sin temor, ella iba confiada en ella misma y su Dios y también ya sabía lo que David había dicho.

*"Y David había dicho: Ciertamente en vano he guardado todo lo que éste tiene en el desierto, sin que nada le haya faltado de todo cuanto es suyo; y él me ha vuelto mal por bien. Así haga Dios a los enemigos de David y aun les añada, que de aquí a mañana, de todo lo que fuere suyo no he de dejar con vida ni un varón."*
**1 Samuel 25:21-22**

Abigail no perdió ni un minuto…

*"Y cuando Abigail vio a David,
1) se bajó prontamente del asno,
2) y postrándose sobre su rostro delante de David,*
(No en secreto, hay mujeres que solamente oran y oran y no confrontan la adversidad o el problema.)
Era tiempo de confrontar la situación.
*3) se inclinó a tierra."*
**1 Samuel 25:23**

Abigail no solo se humilló delante de David sino que se inclinó a tierra delante del Dios grande de Israel quien no ha perdido ni una batalla. ¿Cómo estas confrontando la adversidad en este momento? ¿Te has humillado? La reacción de la mujer que vive controlada por los sentidos, llora, se queja, se amarga y no alcanza nada en la vida porque se turban sus pensamientos. Sin embargo, Abigail no se enojó con su esposo, ni comenzó a hablar negativo, ni tampoco le dio lugar a la ira. Yo creo que antes de Abigail salir de su casa ya ella había perdonado a su esposo.

Es importante aplicarnos la Escritura de Pablo cuando dijo:

*"Ninguna palabra corrompida salga de vuestra boca,*
*sino la que sea buena para la necesaria edificación,*
*a fin de dar gracia a los oyentes.*
*Y no contristéis al Espíritu Santo de Dios,*
*con el cual fuisteis sellados para el día de la redención.*
*Quítense de vosotros toda amargura, enojo, ira, gritería y maledicencia,*
*y toda malicia. Antes sed benignos unos con otros, misericordiosos,*
*perdonándoos unos a otros, como Dios también os perdonó a vosotros en Cristo."*
**Efesios 4:29-32**

Miremos nueve acciones que tomó Abigail al encontrarse con David.

| |
|---|
| Acción (1) – Se postró |
| Acción (2) – Se Inclinó a la tierra |
| Acción (3) – Se echó a sus pies |
| Acción (4) – Tomó el pecado de su esposo |
| Acción (5) – Voluntariamente se puso en lugar de sierva, aunque era muy rica |
| Acción (6) – Pidió permiso para hablar |
| Acción (7) – Pidió ser escuchada |
| Acción (8) – Pidió perdón por su esposo |
| Acción (9) – Ayudó a David a reflexionar |

Hay un dicho que dice que las acciones hablan más fuerte que palabras, Abigail usó esta estrategia con el Rey David y creo que ella la usaba con su marido. Me imagino que antes de presentarle un plan le hacía su comida preferida o quizás le compraba un regalito o algo hacía para captar su atención y bajar sus defensas. Abigail, llena de sabiduría, no habla de manera arrogante, ni para defenderse, sino que se humilla y ésta actitud, capta la atención de David.

*"Y dijo: Señor mío, sobre mí sea el pecado; mas te ruego que permitas que tu sierva hable a tus oídos, y escucha las palabras de tu sierva.*
*No haga caso ahora mi señor de ese hombre perverso, de Nabal; porque conforme a su nombre, así es. El se llama Nabal, y la insensatez está con él,*
*Mas yo tu sierva no vi a los jóvenes que tú enviaste."*
**1 Samuel 25:24-25**

Esta mujer, Abigail, dijo la verdad de su marido pero sin resentimiento y tampoco se puso en lugar de víctima. Como mujer de buen entendimiento reconocía el carácter de su esposo y lo había aceptado así. Así como ella había ganado el respeto de sus criados, tiene que haber ganado el respeto de su esposo, a pesar de ser como era. Su conducta y sobre todo, su conversación tenia que haber sido como la describe la Palabra en **1 Pedro 3:1-6**

*"Ustedes, las esposas, deben obedecer a sus esposos en todo.*
*De esa manera, si ellos no creen en el mensaje de la buena noticia,*
*el comportamiento de ustedes podrá convencerlos.*
*No tendrán que decirles nada,*
*porque ellos verán que ustedes son honestas y que honran a Dios.*
*No piensen ustedes que los peinados exagerados,*
*las joyas de oro y los vestidos lujosos las hacen más bellas.*
*Su belleza no depende de las apariencias, sino de lo que hay en su corazón.*
*Así que sean ustedes personas tranquilas y amables. Esta belleza nunca desaparece, y es muy valiosa delante de Dios.*
*Así eran algunas mujeres en el pasado, que confiaban en Dios y obedecían a sus esposos. Así fue Sara, pues obedecía a Abraham y lo llamaba "señor". Si ustedes hacen el bien y no tienen miedo de nada, serán como ella."* **(VERSIÓN LA BIBLIA A DÍA)**

Así como la Iglesia tiene el poder para cambiar las situaciones en el mundo, así también la mujer lo puede hacer en el matrimonio cuando conoce la voz del Buen Pastor y no teme las amenazas del enemigo sino que le cree a Dios. El poder de la mujer de Dios es mas convincente que el poder que esta en el mundo.

*"Mas Poderoso es aquel que esta en mi, que aquel que esta en el mundo."*
**1 Juan 4:4**

Una mujer de buen entendimiento sabe lo que tiene que hacer en el momento preciso. Vemos que ella no solo va a la defensa de su esposo y todos sus criados, sino que también ella va como profetisa, estaba cuidando del reinado de David, para que nada dañara la obra que Dios tenía para el.

*"Ahora pues, señor mío, vive Jehová, y vive tu alma, que Jehová te ha impedido el venir a derramar sangre y vengarte por tu propia mano.*
*Sean, pues, como Nabal tus enemigos, y todos los que procuran mal contra mi señor.*
*Y ahora este presente que tu sierva ha traído a mi señor,*
*sea dado a los hombres que siguen a mi señor.*
*Y yo te ruego que perdones a tu sierva esta ofensa;*
*pues Jehová de cierto hará casa estable a mi señor,*
*por cuanto mi señor pelea las batallas de Jehová,*
*y mal no se ha hallado en ti en tus días. Aunque alguien se haya levantado para perseguirte y atentar contra tu vida, con todo, la vida de mi señor será ligada en el haz de los que viven delante de Jehová tu Dios, y él arrojará la vida de tus enemigos como de en medio de la palma de una honda.*
(Ella estaba profetizando la muerte de su mismo esposo)
*Y acontecerá que cuando Jehová haga con mi señor conforme a todo el bien que ha hablado de ti, y te establezca por príncipe sobre Israel,*
*entonces, señor mío, no tendrás motivo de pena ni remordimientos por haber derramado sangre sin causa, o por haberte vengado por ti mismo.*
*Guárdese, pues, mi señor, y cuando Jehová haga bien a mi señor,*
*acuérdate de tu sierva."*
**1 Samuel 25:26-31**

La humildad de Abigail trajo la paz y David reconoció que Dios le había enviado...

> *"Y dijo David a Abigail: Bendito sea Jehová Dios de Israel,*
> *que te envió para que hoy me encontrases."*
> **1 Samuel 25:32**

David reconoció la sabiduría de ésta mujer y aceptó sus palabras que venían de Dios..

> *"Y bendito sea tu razonamiento, y bendita tú, que me has estorbado hoy de ir a derramar sangre, y a vengarme por mi propia mano. Porque vive Jehová Dios de Israel que me ha defendido de hacerte mal..."*
> **1 Samuel 25:34**

### Hay un tiempo de Dios y a veces es a PRISA

> *"...que si no te hubieras dado prisa en venir a mi encuentro, de aquí a mañana (Mañana hubiera sido tarde.) no le hubiera quedado con vida a Nabal ni un varón."*
> **1 Samuel 25:34**

Abigail se ganó el respeto del Rey...

> *"Y recibió David de su mano lo que le había traído, y le dijo:*
> *Sube en paz a tu casa, y mira que he oído tu voz, y te he tenido respeto."*
> **1 Samuel 25:35**

Ella regresó a su casa como portadora de paz. Me imagino el alto respeto que le tenían los criados que le habían acompañado en su viaje. Ahora ella iba de regreso a su casa, orando en su interior en cómo y cuándo le iba a decir a su marido lo sucedido.

> *"Y Abigail volvió a Nabal, y he aquí que él tenía banquete en su casa como banquete de rey; y el corazón de Nabal estaba alegre, y estaba completamente ebrio, por lo cual ella no le declaró cosa alguna hasta el día siguiente."*
> **1 Samuel 25:36**

Vemos la sabiduría de Abigail en no hablarle cuando su marido estaba ebrio. Ella reconocía que una persona ebria no sabe lo que dice porque pierde la razón y mucho menos entiende lo que se le dice. Para hablar con David era a prisa, pero para hablar con su esposo era al otro día. Las Palabras de sabiduría llegan al corazón de los tuyos y hacen efecto a veces buenos pero otras veces pueden ser negativos como en el caso de Nabal.

*"Pero por la mañana, cuando ya a Nabal se le habían pasado los efectos del vino, le refirió su mujer estas cosas; y desmayó su corazón en él, y se quedó como una piedra. Y diez días después, Jehová hirió a Nabal, y murió."*
**1 Samuel 25:37-38**

## LA HUMILDAD TE LLEVA A LA CASA DEL REY

Da por terminado las ofensas porque la situación presente de adversidad le llega su fin. Por tu conducta tu marido puede ser ganado y su corazón cambiado de un corazón de piedra a un corazón de carne.

*"Luego que David oyó que Nabal había muerto, dijo: Bendito sea Jehová, que juzgó la causa de mi afrenta recibida de mano de Nabal, y ha preservado del mal a su siervo; y Jehová ha vuelto la maldad de Nabal sobre su propia cabeza. Después envió David a hablar con Abigail, para tomarla por su mujer. Y los siervos de David vinieron a Abigail en Carmel, y hablaron con ella, diciendo: David nos ha enviado a ti, para tomarte por su mujer. Y ella se levantó e inclinó su rostro a tierra, diciendo: He aquí tu sierva, que será una sierva para lavar los pies de los siervos de mi señor. Y levantándose luego Abigail con cinco doncellas que le servían, montó en un asno y siguió a los mensajeros de David, y fue su mujer."*
**1 Samuel 25:39-42**

De la misma manera que David fue en busca de Abigail, así Dios va en busca de mujeres como Abigail para que lleven el testimonio de Su reino con sabiduría y paz.

## CAPÍTULO 8
# No Te Intimides
### POR TU PASADO

María Magdalena nunca permitió que su pasado la intimidara en caminar con el Maestro y decir *presente* en todas las oportunidades donde Él se encontraba. El significado bíblico de María es *amargura*. Ella es distinguida de todas las otras "María" como "La Magdalena," que la identifica con su lugar de nacimiento, así como Jesús es llamado "El Nazareno". Magdala significa *torre* o *castillo*. En la Biblia, solamente se dice que ella había sido liberada de la esclavitud demoníaca. No se nos explica la naturaleza de su posesión.

*"Aconteció después, que Jesús iba por todas las ciudades y aldeas, predicando y anunciando el evangelio del reino de Dios, y los doce con él, y algunas mujeres que habían sido sanadas de espíritus malos y de enfermedades: María, que se llamaba Magdalena, de la que habían salido siete demonios."*
**Lucas 8:1-2**

A ésta mujer se le ha tejido un mito por oradores públicos, escritores, y escritores de libreto de películas; todos ellos han creado una fantasía, cual sugiere tres cosas:

| 3 MITOS EN CUANTO A MARIA MAGDALENA |
|---|
| **1.** Que había sido una prostituta |
| **2.** Que era joven y atractiva |
| **3.** Que sentía afecto romántico hacia Jesús y la confunden con la mujer del frasco de alabastro |

En su primer encuentro en la Biblia, María sobresale por su agradecimiento al ser liberada de siete demonios. Ella le sirve a Jesús con todo lo que tiene y le acompañaba *por todas las ciudades* (en las ciudades hay adelantos y la vida es mas fácil) *y aldeas,* (en las aldeas hay mas pobreza y necesidad) pero ella no se limitaba para seguir a Jesús. En el siguiente versículo, **Lucas 8:3** podemos ver que sus amigas eran mujeres que tenían bienes como *"Juana, mujer de Chuza intendente de Herodes, y Susana, y otras muchas que le servían de sus bienes."* La vida y entrega de María Magdalena al servicio del Maestro era más valioso que el oro. Una vida entregada al servicio total es más valioso que bienes.

En su segundo encuentro, la vemos frente a la cruz de Jesús. La obra de liberación que ella había recibido de Jesús le había quitado todo temor. Recuerda que los discípulos tenían miedo estar cerca de la cruz. Solamente Juan y las mujeres, entre ellas una era María, se quedaron frente a la cruz. Podemos ver que cuando María Magdalena es libertada, aun fue libertada de sus antiguas amistades. En todos los lugares que la encontramos en las Escrituras, la vemos con las mujeres que estaban cerca de Jesús. Es algo que es importante aplicar a nuestras vidas si queremos verdaderamente libres. Quien sabe si la mejor amiga de María Magdalena vino a ser la madre de Jesús, porque se menciona su nombre al estar junto a la cruz de Jesús.

*"Estaban allí muchas mujeres mirando de lejos,*
*las cuales habían seguido a Jesús desde Galilea, sirviéndole,*
*entre las cuales estaban **María Magdalena**,*
*María la madre de Jacobo y de José,*
*y la madre de los hijos de Zebedeo."*
**Mateo 27:55-56**

*"Estaban junto a la cruz de Jesús su madre, y la hermana de su madre,*
*María mujer de Cleofas,*
*y **María Magdalena**."*
**Juan 19:25**

El tercer encuentro en las Escrituras fue la sepultura de Jesús.

*"E informado por el centurión, dio el cuerpo a José, el cual compró una sábana,*
*y quitándolo, lo envolvió en la sábana, y lo puso en un sepulcro que estaba cavado en una peña, e hizo rodar una piedra a la entrada del sepulcro.*
*Y **María Magdalena** y María madre de José miraban dónde lo ponían."*
**Marcos 15:45-47**

Para María Magdalena era de suma importancia saber donde iban a poner el cuerpo de su Señor porque ella sabía que Él iba a resucitar y sin duda alguna, ella creyó esa promesa. Su cuarto encuentro es cuando viene a ungir el cuerpo del Maestro. Fue una de las primeras que va al sepulcro.

>"Cuando pasó el día de reposo, **María Magdalena**, María la madre de Jacobo, y
> Salomé, compraron especias aromáticas para ir a ungirle.
> Y muy de mañana, el primer día de la semana, vinieron al sepulcro, ya salido el sol.
> Pero decían entre sí: ¿Quién nos removerá la piedra de la entrada del sepulcro?
> Pero cuando miraron, vieron removida la piedra, que era muy grande.
> Y cuando entraron en el sepulcro, vieron a un joven sentado al lado derecho,
> cubierto de una larga ropa blanca; y se espantaron.
> Mas él les dijo: No os asustéis; buscáis a Jesús Nazareno, el que fue crucificado;
> ha resucitado, no está aquí; mirad el lugar en donde le pusieron."
> Pero id, decid a sus discípulos, y a Pedro, que él va delante de vosotros a Galilea;
> allí le veréis, como os dijo. Y ellas se fueron huyendo del sepulcro,
> porque les había tomado temblor y espanto;
> ni decían nada a nadie, porque tenían miedo."
> **Marcos 16:1-7**

Su quinto encuentro fue cuando es la primera en ver a Jesús resucitado. María fue la virgen escogida por Dios para dar a luz al Mesías encarnado en su vientre, pero ahora María Magdalena se convierte en la primera mensajera enviada por Jesús mismo a darle las buenas nuevas de su Resurrección a los discípulos.

>"Pero María estaba fuera llorando junto al sepulcro;
> y mientras lloraba, se inclinó para mirar dentro del sepulcro;
> y vio a dos ángeles con vestiduras blancas, que estaban sentados el uno a la cabecera,
> y el otro a los pies, donde el cuerpo de Jesús había sido puesto.
> Y le dijeron: Mujer, ¿por qué lloras? Les dijo:
> Porque se han llevado a mi Señor, y no sé dónde le han puesto.
> Cuando había dicho esto, se volvió,
> y vio a Jesús que estaba allí; mas no sabía que era Jesús.
> Jesús le dijo: Mujer, ¿por qué lloras? ¿A quién buscas?
> Ella, pensando que era el hortelano, le dijo:
> Señor, si tú lo has llevado, dime dónde lo has puesto, y yo lo llevaré.
> Jesús le dijo: ¡María! Volviéndose ella, le dijo:

*¡Raboni! (que quiere decir, Maestro).*
*Jesús le dijo: No me toques, porque aún no he subido a mi Padre; mas ve a mis hermanos, y diles: Subo a mi Padre y a vuestro Padre, a mi Dios y a vuestro Dios. Fue entonces María Magdalena para dar a los discípulos las nuevas de que había visto al Señor, y que él le había dicho estas cosas."*
**Juan 20:11-18**

Su último encuentro en las Escrituras es en el Aposento Alto donde se reunieron los ciento veinte. Creo que ella fue una de las primeras al lado de María, la madre de Jesús, esperando ser investida del Poder de lo alto. Aunque no se menciona su nombre se entiende que cuando la Escritura dice: "Con las mujeres" ella tenía que haber sido una de ellas.

*"Todos éstos perseveraban unánimes en oración y ruego, con las mujeres, y con María la madre de Jesús, y con sus hermanos."*
**Hechos 1:14**

María Magdalena fue fiel seguidora de Jesús y es un ejemplo de cómo ningún tipo de esclavitud satánica debe impedir a un individuo que haya sido liberado, rendir un servicio fructífero a Cristo Jesús. Yo espero ver su séptimo encuentro cuando lleguemos al gran trono de Gloria con los redimidos de Jehová. Juntas hablaremos con Jesús en esos encuentros maravillosos.

# CAPÍTULO 9
## Pon Tu Creatividad
### A TRABAJAR

Si algo tiene la mujer, es creatividad. No sé si es por la gran responsabilidad que tenemos las madres en la crianza de nuestros hijos, pero es un regalo de Dios para nosotros. Si te sientas con un grupo de mujeres por una hora, de seguro que vas aprender algo nuevo de ellas. Creatividad significa espíritu de inventar, ser creativo. La palabra original viene de la palabra creador, formador o hacedor y la creatividad viene como regalo de Dios desde el principio.

*"Y creó Dios al hombre a su imagen, a imagen de Dios lo creó; varón y hembra los creó. Y los bendijo Dios, y les dijo: Fructificad y multiplicaos; llenad la tierra, y sojuzgadla, y señoread en los peces del mar, en las aves de los cielos, y en todas las bestias que se mueven sobre la tierra."*
**Génesis 1:27-28**

La creatividad te lleva a ser una mujer con visión. Te hace soñar de cosas nuevas, vienen ideas a la mente que a veces nadie las ha pensado y si oras y meditas en ellas pueden ser riquezas para ti y generaciones futuras.

*"Y Jehová me respondió, y dijo: Escribe la visión, y declárala en tablas, para que corra el que leyere en ella. Aunque la visión tardará aún por un tiempo, mas se apresura hacia el fin, y no mentirá; aunque tardare, espéralo, porque sin duda vendrá, no tardará."*
**Habacuc 2:2-3**

La creatividad puede ayudarte a tener tu propio oficio o negocio. A veces puedes envolver toda tu familia. Miremos mujeres de la Biblia y su profesión. Raquel fue la primera pastora de ovejas. Su profesión hayo gracia para ser amada por Jacob y llegar a ser su esposa amada. También llego a ser la madre del gobernador de Egipto, José.

*"Mientras él aún hablaba con ellos, Raquel vino con el rebaño de su padre, porque ella era la pastora."*
**Génesis 29:9**

Fúa y Sifra eran parteras hebreas, cual hoy día serían consideradas como enfermeras. Su profesión las llevo a salvar a libertador de Israel, Moisés.

*"Y habló el rey de Egipto a las parteras de las hebreas,
una de las cuales se llamaba Sifra, y otra Fúa, y les dijo:"*
**Éxodo 1:15**

La madre de Moisés fue empleada como nana de la hija de Faraón para que cuidara de Moisés, no sabiendo que le devolvía su hijo. Débora fue gobernadora y jueza de Israel y pudo ganar una guerra importante. Su nombre significa abeja. Débora aconsejaba debajo de una palmera y era cantora y profetisa, hoy se le considera como Madre de Israel.

*"Las aldeas quedaron abandonadas en Israel, habían decaído,
Hasta que yo Débora me levanté, me levanté como madre en Israel."*
**Jueces 5:7**

Dorcas era costurera quien hacía túnicas y vestidos para viudas. De su creatividad parece tener su negocio ya que abundaba en buenas obras y en limosnas, Dorcas cuidaba de las viudas haciéndoles túnicas y vestidos.

*"Dios envió mensaje a los hijos de Israel, anunciando el evangelio de la paz por medio de Jesucristo; éste es Señor de todos. Vosotros sabéis lo que se divulgó por toda Judea, comenzando desde Galilea, después del bautismo que predicó Juan: cómo Dios ungió con el Espíritu Santo y con poder a Jesús de Nazaret, y cómo éste anduvo haciendo bienes y sanando a todos los oprimidos por el diablo, porque Dios estaba con él.
Y nosotros somos testigos de todas las cosas que Jesús hizo en la tierra de Judea y en Jerusalén; a quien mataron colgándole en un madero."*
**Hechos 10:36-39**

Dalila tenía el oficio de investigadora privada donde los Principales de los filisteos le pagaban para que le sacara la información a Sansón en conocer el secreto de sus fuerzas. Se puede decir que fue la primera agente federal.

*"Y vinieron a ella los príncipes de los filisteos, y le dijeron: Engáñale e infórmate en qué consiste su gran fuerza, y cómo lo podríamos vencer, para que lo atemos y lo dominemos; y cada uno de nosotros te dará mil cien siclos de plata."*
**Jueces 16:5**

En los Evangelios vemos muchas mujeres sirvieron a Jesús de sus oficios porque daban de sus bienes al ministerio.

*"Y algunas mujeres que habían sido sanadas de espíritus malos y de enfermedades: María, que se llamaba Magdalena, de la que habían salido siete demonios, Juana, mujer de Chuza intendente de Herodes, y Susana, y otras muchas que le servían de sus bienes."*
**Lucas 8:2-3**

Dios nos ha dado la habilidad en nuestras manos para hacer las riquezas. Hace muchos años Dios me habló de que me había dado riquezas en mis manos. Entendí que era el don de escribir y comencé a escribir libros para la familia. Es a través de mis escritos que he podido sostener una clínica en Honduras para que los niños puedan tener la terapia física que necesitan para recibir sanidad. Amiga, con tantas oportunidades que se ofrecen a través del Internet, en los Estados Unidos donde se ofrecen becas, cursos de entrenamiento, también hay cursos gratis que te pueden ayudar a poner tu creatividad a trabajar. ¿Qué estas haciendo con tu creatividad? Hoy es tu tiempo de poner tu creatividad a trabajar.

# CAPÍTULO 10
## Labradoras del Jardín
### DE TU HOGAR

El 9 de julio del 2005, mi nieta Jylene, la primogénita, me trajo una planta que me puso a meditar sobre el cuido de la misma. Recuerdo que al principio de mi matrimonio con tantas ocupaciones con la crianza de mis hijos nunca me interesaron las plantas para el hogar hasta que comencé a orar Proverbios 31 y vi el versículo 16 que dice: *"Y planta viña del fruto de sus manos."* Cómo anhelaba ser esa mujer comencé a comprar plantas para el hogar y ahora la plantita de mi nieta me llevo a reflexionar sobre como cuidar mejor de ellas. Recibe esta reflexión aplicando los pasos para sembrar la semilla de una planta a los pasos para sembrar la buena palabra en mis hijos e nietos.

## CINCO PASOS PARA SEMBRAR LA SEMILLA

**Paso # 1** Necesita de 7 a 14 días para germinar. Por eso el labrador tiene que esperar pacientemente para ver su fruto. Como padres hay que esperar por etapas para instruirlos en la Palabra de acuerdo a su capacidad.

**Paso # 2** La profundidad para hacer el sembrado es ½ pulgada así que hay que saber sembrar y no pasarte del espacio que manda porque la semilla se echa a perder. La crianza de nuestros hijos es por etapas y no puedes adelantarte o atrasarte con ellos.

**Paso # 3** El espacio entre la semilla es de dos a tres pulgadas. No compares a tus hijos con nadie, cado uno necesita su espacio, así como la semilla necesita su espacio para crecer. Los dones y talentos son diferentes en cada hijo.

**Paso # 4** Los espacios entre los surcos son síes pulgadas. Cada familia necesita su privacidad. No permitas que tus familiares o suegros estén metidos en los asuntos de tu familia.

**Paso # 5** Los días para la cosecha son de cincuenta y ocho a sesenta y cinco días. Algunos hijos han de madurar mas rápido que otros, no los compares.

| 5 PASOS PARA CUIDAR DEL ZACATE APLICADO A LA FAMILIA |
|---|
| Hay que mantener el zacate a su nivel de altura de dos a tres pulgadas. |
| La disciplina de tus hijos debe ser en amor para que no los provoques a ira y hayan marcas en su desarrollo.<br>*"Y vosotros, padres, no provoquéis a ira a vuestros hijos, sino criadlos en disciplina y amonestación del Señor."*<br>**Efesios 6:4** |
| El zacate que se corta sirve de nutrición. |
| Enfócate en sus talentos y cuando cometan un error aplica algo positivo para cubrir las faltas.<br>*"Pero el amor cubrirá todas las faltas."*<br>**Proverbios 10:12** |
| El zacate necesita ser cortado con una navaja bien afilada. |
| Permite que la Palabra sea apropiada para el momento de la necesidad.<br>*"Porque la palabra de Dios es viva y eficaz, y más cortante que toda espada de dos filos; y penetra hasta partir el alma y el espíritu, las coyunturas y los tuétanos, y discierne los pensamientos y las intenciones del corazón."*<br>**Hebreos 4:12** |
| El zacate necesita que el agua sea medida sin ser demasiada, porque se ahoga la semilla. |
| Los muchos afanes de la vida pueden ahogar la relación familiar.<br>Ordena tu vida para darle el agua (tiempo) que necesitan tus hijos.<br>*"Por nada estéis afanosos, sino sean conocidas vuestras peticiones delante de Dios en toda oración y ruego, con acción de gracias."*<br>**Filipenses 4:6** |
| El zacate necesita fertilizante balanceado. |
| Darle una dieta balanceada a tus hijos en la Palabra.<br>Mucha Palabra sin espíritu los puede desbalancear en la instrucción Bíblica.<br>*"Instruye al niño en su camino y aun cuando fuera viejo no se apartara de el."*<br>**Proverbios 22:6** |

Prevención es la mejor medicina para fertilizar el zacate.
El zacate se echa a perder con la mala hierba. Así que es necesario sacar la mala hierba antes que te dañe todo el zacate.
Cuida a tus hijos de las malas amistades.

*"No erréis; las malas conversaciones corrompen las buenas costumbres."*
**1 Corintios 15:33**

La misma naturaleza nos enseña sabiduría.

# CAPÍTULO 11
## Principios para Establecer Metas

Hay personas que no tienen metas para sus vidas y mucho menos para su familia y carecen de dirección. Viven vidas desorganizadas sin metas ni propósito. Pienso que hay cinco razones por las cuales no se establecen metas:

| | |
|---|---|
| 1 | Nadie se lo ha comunicado |
| 2 | Nadie les ha convencido que es necesario |
| 3 | No saben como escribirlas y mucho menos planificarlas |
| 4 | Tienen baja estima de si mismos y piensan que no las van a alcanzar y que sería una pérdida de tiempo si las escriben |
| 5 | Han tratado en el pasado y no funcionaron tal vez porque las metas son muy altas o muy bajas |

Hay beneficios cuando trazamos metas pues nos ayudan a desarrollar una mente sana, especialmente cuando los niños cruzan la etapa de la adolescencia. Personas con metas tienen ánimo pronto. Se ha dicho que de 100 personas el 98% que estan insatisfechos con su mundo, son las personas que no tienen un retrato claro en sus metas de lo que pueden alcanzar en el mundo que viven. Esta es una razón por la cual algunas personas mueren mas rápido, después que se retiran, pues no han trazado metas y no tienen por que vivir. *"Hay dos tragedias en la vida: Nunca alcanzar los deseos de su corazón, otro es alcanzarlos."* Porque cuando la persona los alcanza y deja de realizar nuevas metas termina con la motivación de vivir. Las metas nos ayudan a tomar decisiones sabias guiadas bajo la dirección del Espíritu Santo y Su Palabra. Fija tus metas bajo el plan de Dios.

3% de las personas escriben sus metas y planes
10% de las personas solo piensan
87% de las personas no hacen nada

El 3% de las personas que escribe sus metas, alcanza 50 a 100 veces más durante su vida que el 10% de personas que solo pensaron escribirlas.

## LAS METAS NOS AYUDAN A RECONOCER OPORTUNIDADES

Nos llevan a la perfección, nos proponemos a suplir la necesidad que tenemos de ser mejores padres. Aprendemos a planificar nuestros negocios, profesión y ministerios de la casa de Dios. Las metas nos ayudan a desarrollar nuestro carácter.

## SIETE FUNDAMENTOS PARA TENER ÉXITO CON TUS METAS

1  Separa Tiempo A Solas Todos Los Días Para Poder Recibir Ideas Nuevas

*"Antes bien, como está escrito: Cosas que ojo no vio, ni oído oyó,*
*Ni han subido en corazón de hombre,*
*son las que Dios ha preparado para los que le aman."*
**1 Corintios 2:9**

2  No Te Intimides Sino Prosigue Con Tus Ideas Creativas

*"Porque no nos ha dado Dios espíritu de cobardía,*
*sino de poder, de amor y de dominio propio."*
**2 Timoteo 1:7**

3  Habla Positivo Sobre Tus Metas

*"La muerte y la vida están en poder de la lengua,*
*Y el que la ama comerá de sus frutos."*
**Proverbios 18:21**

4  Reconoce Que Dios es el Que Te Prospera

*"Sino acuérdate de Jehová tu Dios, porque él te da el poder para hacer las riquezas,*
*a fin de confirmar su pacto que juró a tus padres, como en este día."*
**Deuteronomio 8:18**

5  Acuérdate del Pobre Para Ayudarle

*"La dádiva del hombre le ensancha el camino  
Y le lleva delante de los grandes."*  
**Proverbios 18:16**

6  Se Diligente con El Tiempo

*"El alma del perezoso desea, y nada alcanza;  
Mas el alma de los diligentes será prosperada."*  
**Proverbios 13:4**

7  Escribe Tus Metas, Sueños y Visión

*"Y Jehová me respondió, y dijo: Escribe la visión,  
y declárala en tablas, para que corra el que leyere en ella.  
Aunque la visión tardará aún por un tiempo, mas se apresura hacia el fin, y no mentirá; aunque tardare, espéralo, porque sin duda vendrá, no tardará.  
He aquí que aquel cuya alma no es recta, se enorgullece; mas el justo por su fe vivirá."*  
**Habacuc 2:2-4**

## CAPÍTULO 12
## Serenata de Amor
### EL CÁNTICO DE AMOR

Serenata significa música al aire libre durante la noche, para festejar a una persona, es la composición poética o musical destinada con el objetivo de enamorar o de hacer a la otra persona sentirse amada. El hombre que esta enamorado sabe que una serenata conquista el corazón de la mujer. El Rey Salomón es el autor del libro de los Cantares, el cual contiene *Cánticos de Amor*. El Rey Salomón compuso 1,005 canciones, pero Cantar de lo Cantares es el cántico de excelencia. Quiero que entiendas el contexto en el cual estaré hablando de Cantares, he notado que casi cada vez que se menciona una mujer en la Biblia es tipo de la novia, o tipo de la Iglesia y su condición y si hay un personaje masculino, éste puede ser tipo del novio, de Jesús. Entonces, al leer Cantar de los Cantares, lo podemos mirar como una carta de amor de parte de Jesús hacia ti, Mujer, Su novia. En estos tiempos, la novia, la Iglesia muchas veces no se ve como la ve Dios. Muchas veces como mujer, no te miras como Dios te mira, pero quiero recordarte que el hombre que te ama, te ve y te ama tal como eres. Y en la vida de la Sulamita, es la imagen de una mujer, de una Iglesia que se ama por quien es. No trata de cambiar su apariencia, se acepta tal como es, pues su amante, se enamoró de ella por quien es. Así mismo Cristo Jesús, el novio de la Iglesia, el HOMBRE que regresará por nosotros nos amó, desde el principio y nada cambia, altera o desenfoca Su amor para ti.

La Sulamita, cuyo nombre significa apacible, perfecta y recompensa es un personaje en Cantares y su amado, que como ya he explicado, aunque es el Rey Salomón tipifica a Jesús, el amor de mi vida. También se encuentran las hijas de Jerusalén y los hermanos de la Sulamita que en éste contexto pueden representar situaciones o conversaciones.

## CANTARES 1
## UN BANQUETE DE AMOR

Es la fiesta de amor y la puedo relacionar con la Iglesia primitiva, donde había un verdadero compañerismo y se apreciaba en plenitud la Presencia del Señor. El libro comienza con el beso. Una expresión de afecto, de una intimidad única y segura, la cual describe una pasión por Dios y su presencia y afecto y agradecimiento por esa relación única.

Antes de seguir leyendo, pide al Espíritu Santo que te ayude a entender lo que voy a compartir que sale de mi corazón y sé que si entendemos, veremos que tan profundo es el amor de Dios para con nosotros. Si lees **Cantares 1:2**, la Sulamita expresa ¡O si él me besara con besos de su boca! Aquí esta hablando del deseo de la Sulamita por Su amado, este deseo debe estar en cada creyente. Debemos desear la presencia de Dios como deseamos ese primer beso. Los *besos de su boca* son Su gracia, misericordia, justicia, paz, las palabras de Su boca.

*"Eres el más hermoso de los hijos de los hombres; la gracia se derrama en tus labios."*
**Salmo 45:2 LBLA**

*"La misericordia y la verdad se han encontrado,
la justicia y la paz se han besado."*
**Salmo 85:10**

*Dar una buena respuestas como dar un beso en los labios.*
**Proverbios 24:26** RCV

El beso en el matrimonio es deleite, pasión, gusto, afecto, cariño y también obediencia. Hay diferentes maneras de demostrar nuestro afecto y pasión hacia Dios. También hay distintos ejemplos en la Biblia de personas que *besaron* con motivos diferentes. Por ejemplo, Jacob besó a su padre, Isaac con interés de adquirir la bendición; *Y le dijo Isaac su padre: Acércate ahora, y bésame, hijo mío.* **(Génesis 27:26)** También el beso de Orfa a su suegra, Noemí fue un beso falso y sin sentimiento; *Y ellas alzaron otra vez su voz y lloraron; y Orfa besó a su suegra, mas Rut se quedó con ella.* **(Ruth 1:14)** Orfa besa a su suegra al decirle, te amo pero me voy como quiera. También tenemos el ejemplo del beso de traición de Judas en **Mateo 26:48**, *Y el que le entregaba les había dado señal, diciendo: Al que yo besare, ése es; prendedle.* Cuando damos mal testimonio del Evangelio, haciendo alianza con el mundo y profesando que somos hijos de Dios estamos practicando el beso de traición. También tenemos el ejemplo del beso de reconciliación el cual vemos en el hijo pródigo y su padre en **Lucas 15:20,** *Y levantándose, vino a su padre. Y cuando aún estaba lejos, lo vio su padre, y* *fue movido a misericordia, y corrió, y se echó sobre su cuello, y le besó.* Hubo una mujer que besó los pies del Maestro y combinó su acción con perfume, fue esa mujer pecadora, con el perfume de alabastro quien no cesaba de ungir los pies de Jesús, **Lucas 7:**45 …. *mas ésta, desde que entré, no ha cesado de besar mis pies.*

Cuando escribo estas páginas es mi deseo que cada mujer pueda derramar el perfume de alabastro en su hogar y perfumar cada habitación con agradecimiento a Jesús por Su gran amor y pueda besar sus pies con alabanza y adoración.

*"¡Oh, si él me besara con besos de su boca! Porque mejores son tus amores que el vino.*
*A más del olor de tus suaves ungüentos, tu nombre es como ungüento derramado;*
*Por eso las doncellas (la Iglesia) te aman.*
*Atráeme; en pos de ti correremos."*
**Cantares 1:2-4**

La Sulamita sigue describiendo su tiempo de intimidad con el Rey lo cual me hace recordar las cientos de conferencias de mujeres en que he tenido el privilegio de ministrar y he conocido muchas mujeres enamoradas de Jesús, embriagadas por Su amor, sin intimidarse al estar en Su presencia.

*"Nos gozaremos y alegraremos en ti;*
*Nos acordaremos de tus amores más que del vino; con razón te aman."*
**Cantares 1:4**

Aunque la Sulamita es morena no se intimida en la fiesta con su Amado. Debemos aprender a amarnos como Dios nos ha creado y no vivir deseando ser otras personas, con los talentos de otra, con los dones de otra, insatisfechas e infeliz de quien Dios nos ha creado ser. La Sulamita se aceptaba a si misma, porque reconocía que el Rey le amaba. Debemos reconocer que Dios nos ama tal como somos, y debemos amarnos a nosotras mismas y aceptar la manera en que fuimos creadas.

*"Morena soy, oh hijas de Jerusalén, pero codiciable.
No os fijéis en que soy morena, porque el sol me ha quemado."*
**Cantares 1:5ª y 6**

Puede ser que era morena por haber pasado hambre, ya que en Lamentaciones vemos que el hambre puede causar que la piel se ponga negra. Además de ella estar en las viñas trabajando, quizás pasaba hambre también.

*"Nuestra piel se ennegreció como un horno. A causa del ardor del hambre."*
**Lamentación 5:10**

## Es Una Bendición Tener Hambre Por el Rey

*"Bienaventurados los que tienen hambre y sed de justicia,
porque ellos serán saciados."*
**Mateo 5:6**

*"Me pusieron a guardar las viñas; Y mi viña, que era mía, no guardé."*
**Cantares 1:6**

Aplicando éste versículo a nuestra vida hoy se puede decir de la siguiente manera, "Me pusieron en una posición ministerial, pero mi vida y mi familia, no la cuide." Es tan importante cuidar tu intimidad con tu Amado para que en tu viña siempre haya fruto.

*"Mas el fruto del Espíritu es amor, gozo, paz, paciencia, benignidad, bondad, fe, mansedumbre, templanza; contra tales cosas no hay ley."*
**Gálatas 5:22-24**

## La Sulamita Quiere Saber Cómo Cuidar de Su Viña

*Hazme saber, oh tú a quien ama mi alma, dónde apacientas, dónde sesteas al mediodía;
Pues ¿por qué había de estar yo como errante junto a los
rebaños de tus compañeros?*
**Cantares 1:7**

### El Amado le Contesta

*"Si tú no lo sabes, oh hermosa entre las mujeres,*
*Ve, sigue las huellas del rebaño, y apacienta tus cabritas*
*junto a las cabañas de los pastores."*
**Cantares 1:8**

### Las Hijas de Jerusalén le Adornan

*"Zarcillos de oro te haremos, tachonados de plata."*
**Cantares 1:11**

La Iglesia es la que ha de adornarte con joyas reales. No es cualquier adorno de oro de mentira o plata de metal, no son joyas de imitación que la Iglesia te da, sino la sabiduría de su palabra que es mas preciosa que el oro y la plata.

*"Bienaventurado el hombre que halla la sabiduría, y que obtiene la inteligencia;*
*Porque su ganancia es mejor que la ganancia de la plata,*
*Y sus frutos más que el oro fino. Más preciosa es que las piedras preciosas;*
*Y todo lo que puedes desear, no se puede comparar a ella."*
**Proverbios 3:13-15**

*"Mujer virtuosa, ¿quién la hallará?*
*Porque su estima sobrepasa largamente a la de las piedras preciosas."*
**Proverbios 31:10**

### El Olor de Mirra de la Sulamita Llega a la Presencia del Rey

*"Mientras el rey estaba en su reclinatorio, mi nardo dio su olor."*
**Cantares 1:12**

En las costumbres antiguas, la mujer llevaba una botella y otras bolsitas pequeñas de mirra las cuales daban una fragancia pura, más fuerte que el perfume. El manojito de mirra era una bolsita que ella llevaba entre sus senos para dar olor y le servía como desodorante. La mirra es tipo de unción y es ungimiento del cuerpo. Mirra era usada para ungir a los muertos. También fue unos de los regalos que le llevaron a Jesús los reyes magos. Dios nos ha ungido con mirra cual es óleo de alegría.

*"Aroma de mirra, áloe y canela exhalan todas tus vestiduras;*
*desde los palacios adornados con marfil te alegra la música de cuerdas.*
*Entre tus damas de honor se cuentan princesas; a tu derecha se halla la novia real*
*luciendo el oro más fino. Escucha, hija, fíjate bien y presta atención:*
*Olvídate de tu pueblo y de tu familia. El rey está cautivado por tu hermosura;*
*él es tu señor: inclínate ante él. La gente de Tiro vendrá con presentes;*
*los ricos del pueblo buscarán tu favor. La princesa es todo esplendor,*
*luciendo en su alcoba brocados de oro. Vestida de finos bordados*
*es conducida ante el rey, seguida por sus damas de compañia.*
*Con alegría y regocijo son conducidas al interior del palacio real.*
*Tus hijos ocuparán el trono de tus ancestros; los pondrás por príncipes en toda la*
*tierra. Haré que tu nombre se recuerde por todas las generaciones;*
*por eso las naciones te alabarán eternamente y para siempre."*
**Salmo 45:8-17** (NVI)

Cuando tu sabes que Tu Amado esta sentado en su reclinatorio, cual puede ser el centro de tu corazón, tu casa se llenara del olor de mirra de su fragancia dulce.

*"Mientras el rey se halla sentado a la mesa, mi perfume esparce su fragancia. Mi*
*amado es para mí como el saquito de mirra que duerme entre mis pechos.*
**Cantares 1:12-13**

En si ella esta diciendo, "El esta en mi corazón y deleitoso a todos mis pensamientos, así como lo es su fragancia a todos mis sentidos."

*"Racimo de flores de alheña en las viñas de En-gadi es para mí mi amado."*
**Cantares 1:14**

En esta viña de En-gadi solo habían arboles de 8 a 10 pies y toda la viña estaba saturada por la fragancia de las flores de alheña.

**El Amado la Ve Perfecta**

*"He aquí que tú eres hermosa, amiga mía;
He aquí eres bella; tus ojos son como palomas."*
**Cantares 1:15**

El Padre te ve en Jesús perfecta, perdonada y redimida. Cuando tú conoces la Palabra y cultivas tu intimidad con Jesús, no tendrás falta de amor y caminas segura de quien tú eres en Cristo. Imagínate El te dice:

*"Toda tú eres hermosa, amiga mía, y en ti no hay mancha.
Prendiste mi corazón, hermana, esposa mía; Has apresado mi corazón con uno de tus ojos, con una gargantilla de tu cuello."*
**Cantares 4:7, 9**

El amor que Dios te tiene es perfecto y El te ve hermosa y solamente desea que tu mirada se encuentre con la suya.

*¡Cuán hermosos son tus amores, hermana, esposa mía!
¡Cuánto mejores que el vino tus amores, y el olor de tus ungüentos mas que todas las especias aromáticas! Como panal de miel destilan tus labios, oh esposa;
miel y leche hay debajo de tu lengua"*
**Cantares 4:10-11**

*"Su palabra que es mas dulce que la miel que destila del panal."*
**Salmo 19:10**

Los dichos de Su boca te hacen caminar confiada y segura de ti misma aunque seas la morena de Jerusalén.

*"¡Qué hermoso eres, amado mío, qué dulce eres!*
*Las vigas de nuestra casa son de cedro; el cedro da olor y de ciprés los artesonados."*
**Cantares 1:16-17**

El techo que es cobertura, el techo ciprés, es hecho de una madera duradera. El fundamento de la Palabra que sale de la boca del Amado hace que tu casa tenga un fundamento sólido. Tampoco se puede descuidar el fundamento de la iglesia y su compañerismo.

## CANTARES 2
## EXPRESIONES DE AMOR

En el capitulo dos ella se olvida que es morena porque el amor de su amado ha cambiado la apariencia de si misma. Cuando tu vienes a Jesús eres transformada a su imagen y a su semejanza.

*"Yo soy la rosa de Sarón, y el lirio de los valles.*
*Como el lirio entre los espinos, así es mi amiga entre las doncellas."*
**Cantares 2:1-2**

El amado confirma que ella es el lirio de los valles pero entre espinos. Eres de tu amado pero estas en el mundo donde hay tentaciones, obstáculos, opresiones y enfermedades, pero aun en medio de las espinas El te asegura de su amor eterno. Es solo por su gracia y sabiduría que puedes seguir dando la fragancia del lirio de los valles. La Sulamita se sienta a escuchar a su amado, así como lo hizo María la hermana de Lázaro cuando Jesús fue a su casa.

*"Bajo la sombra del deseado me senté, y su fruto fue dulce a mi paladar."*
**Cantares 2:3**

El fruto de su palabra en su paladar la llevó a la casa de banquete con las hijas de Jerusalén. Esta es la iglesia y el compañerismo.

*"Me llevó a la casa del banquete, y su bandera sobre mí fue amor."*
**Cantares 2:4**

Cuando recibimos Su Palabra es un banquete continuo. *Bandera* significa triunfo y seguridad de ser amada. Ella sabe que es propiedad de su Amado y que ninguna arma forjada contra ella va a prosperar. Esta protegida, libre porque su bandera sobre ella es amor, cual resulto en ella una liberación total. Fue tanto el amor que recibió en su casa que se enfermo del amor. En el termino espiritual, tu deseas Su Presencia en tu vida.

*"Sustentadme con pasas, confortadme con manzanas;*
*porque estoy enferma de amor."*
**Cantares 2:5**

Enferma de amor es estar apasionadamente enamorada de tu Señor y ese amor va más allá que todas las cosas.

*"Su izquierda esté debajo de mi cabeza, y su derecha me abrace. Yo os conjuro, oh*
*doncellas de Jerusalén, por los corzos y por las ciervas del campo,*
*que no despertéis ni hagáis velar al amor, hasta que quiera."*
**Cantares 2:6**

Cuando comienzas a conocer a tu amado tu relación con el será única y esto te lleva a conocer SU VOZ.

*¡La voz de mi amado! He aquí él viene saltando sobre los montes, brincando sobre los*
*collados. Mi amado es semejante al corzo, o al cervatillo. Helo aquí, está tras nuestra*
*pared, mirando por las ventanas, atisbando por las celosías.*
**Cantares 2:8-9**

## El Amado Solo Te Pide Que Te Levantes y Vayas a Él

*"Mi amado habló, y me dijo: Levántate, oh amiga mía, hermosa mía, y ven."*
**Cantares 2:10**

Cuando estas con él pasas de la etapa del invierno, la cual es incierta a una de oler las flores porque llega la primavera para comenzar a dar frutos.

*"Porque he aquí ha pasado el invierno, se ha mudado, la lluvia se fue. Se han mostrado las flores en la tierra"*
**Cantares 2:11-12**

Vuelves a cantar porque el gozo de tu amado, te ha llenado de contentamiento. Ahora estas dando fruto y el olor de la fragancia de tu amado cual es fragancia de vida y paz en el Espíritu Santo.

*"La higuera ha echado sus higos, y las vides en cierne dieron olor; levántate, oh amiga mía, hermosa mía, y ven."*
**Cantares 2:13**

Si estas escondida en las rocas o peñas de tus inseguridades y temores el Amado vuelve a decirte, *"Levántate y ven. Paloma mía, que estás en los agujeros de la peña, en lo escondido de escarpados parajes,"* El amado te dice, *"Muéstrame tu rostro, hazme oír tu voz."* Ya no te tienes que esconder mas en tus temores y complejos ahora tienes con quien conversar, *Porque dulce es la voz tuya, y hermoso tu aspecto.* Mientras estuviste escondida en la peña se metieron las zorras para atrasar tu llamado y propósito. Las zorras se metieron a tu viña para robar el fruto trayendo resentimiento al corazón, los cuales necesitas cazar pues echan a perder tu belleza tanto interior como exterior. Cuando logras cazar las zorras pequeñas estarás segura en los brazos de tu Amado.

*"Cazadnos las zorras, las zorras pequeñas, que echan a perder las viñas; Porque nuestras viñas están en cierne. Mi amado es mío, y yo suya; El apacienta entre lirios.*
**Cantares 2:15-16**

## CANTARES 3
## EL CORTEJO DE BODAS

En el capitulo tres la Sulamita despierta y ve que su amado no esta. A veces cuando pasa el tiempo en nuestra relación con Dios, nuestro Amado, lo tomamos en poco y cuando nos damos cuenta hemos contristado al Espíritu Santo y hay ausencia de Presencia del Amado en nuestra vida. Ya no hay reposo y uno corre a buscar al Amado entre el consejo de los ancianos de la congregación cual en este capitulo se mencionan los 70 ancianos de Moisés.

## CANTARES 4
## EL ESPOSO ALABA A LA ESPOSA

En el capitulo cuatro solo se encuentran las expresiones de amor que Salomón le dice a ella. Si en algún momento de tu vida te sientes que nadie te ama, lee este capitulo donde cada versículo es una expresión de amor y aprecio de parte de Salomón a la Sulamita, lo cual lo puedes aplicar de parte de Dios a tu vida. Miremos lo que ha pasado en la segunda noche, cuando ya hay confianza. Después de ella recibir tanto elogio de su amado ahora despierta y él no esta. Hay tormento en su vida porque es necesario buscarlo. Una vez que Dios expresa su amor hacia ti es imposible vivir sin él.

## CANTARES 5
## EL TORMENTO DE LA SEPARACION

*"Yo dormía, pero mi corazón velaba. Es la voz de mi amado que llama:*
*Ábreme, hermana mía, amiga mía, paloma mía, perfecta mía,*
*porque mi cabeza está llena de rocío, mis cabellos de las gotas de la noche."*
**Cantares 5:2**

La primera vez que su amado esta ausente ella dice, *"Me levantare ahora, y rodeare por la cuidad; Por las calles y por las plazas, Buscare al que ama mi alma."* **(Cantares 3:2)** Pero en la segunda ausencia de él, ella ya se había desvestido y no quiere ensuciar su pies.

*"Me he desnudado de mi ropa; ¿cómo me he de vestir?*
*He lavado mis pies; ¿cómo los he de ensuciar?"*
**Cantares 3:3**

Es aquí donde no escondemos nada de nuestro Señor. Desnudar es desenmascarar cualquier cosa oculta que nos separa de Su Presencia. Es volver a la relación del Edén con tu Creador sin esconder nada. Al no encontrarlo, la Sulamita sale en busca de él. Los guardias de la cuidad, la tratan de detener, le golpean. Así hacen los espíritus malignos cuando te separas de la relación con el Amado. Te pueden preguntar "Dónde esta tu Amado" como le preguntan las doncellas de Jerusalén.

*"¿Qué es tu amado más que otro amado, o la más hermosa de todas las mujeres?*
*¿Qué es tu amado más que otro amado, que así nos conjuras?"*
**Cantares 5:9**

El capítulo termina reconociendo la belleza de su Amado. Cuando estas bajo presión y el enemigo viene a acusarte, aprende de la Sulamita, abre tu boca y alaba Su hermosura. La alabanza te liberta de toda duda. Recuerda que el Amado habita en medio de la alabanza de Su Pueblo.

## CANTARES 6 Y 7
## EXPRESIONES Y ENCANTOS DE AMOR

En el capitulo síes y siete solo hay encantos y expresiones de amor de su relación inseparable. La historia de esta serenata de amor termina con expresiones de amor y hablan del poder del amor.

## CANTARES 8
## EL PODER DEL AMOR

*"Las muchas aguas no podrán apagar el amor, ni lo ahogarán los ríos.*
*Si diese el hombre todos los bienes de su casa por este amor,*
*De cierto lo menospreciarían."*
**Cantares 8:7**

El Espíritu Santo esta presente para llenar todo vacío en tu corazón y llenarte de Su Presencia. Permite siempre tener una Serenata de Amor en tus labios para expresarle tu amor y nunca has de carecer de Su amor y Presencia. Un secreto de esa Serenata de Amor es que siempre podrás exhibir tu belleza a tu Amado.

## CAPÍTULO 13
# Su Presencia Te Liberta

Juan capítulo 4 habla de la mujer samaritana que iba al pozo de Jacob a sacar agua. En ese mismo momento que ella iba a sacar agua se encuentra con Jesús cansado del camino, sentado junto al pozo y Jesús le pide de beber. La Mujer Samaritana conocía su cultura y se sorprende de que Jesús le pidiera de beber.

*"¿Cómo tú, siendo judío, me pides a mí de beber, que soy mujer samaritana? Porque judíos y samaritanos no se tratan entre sí."*
**Juan 4:9**

Jesús la hace reaccionar dando a conocer quien es…

*"Respondió Jesús y le dijo: Si conocieras el don de Dios, y quién es el que te dice: Dame de beber; tú le pedirías, y él te daría agua viva."*
**Juan 4:10**

Ella tenía conocimiento histórico sobre el pozo, sobre su profundidad y de como sus antepasados habían fundado ese poso. Se llamaba el pozo de Jacob, *"La mujer le dijo: Señor, no tienes con qué sacarla, y el pozo es hondo. ¿De dónde, pues, tienes el agua viva? ¿Acaso eres tú mayor que nuestro padre Jacob, que nos dio este pozo, del cual bebieron él, sus hijos y sus ganados?"* **Juan 4:11-12**

Jesús le habla de una nueva agua. Cualquiera podía beber del pozo, pero no cualquiera puede beber del agua viva sin estar en Su presencia.

*"Respondió Jesús y le dijo: cualquiera que bebiere de esta agua, volverá a tener sed"*
**Juan 4:13**

En el pozo tú no puedes experimentar de Su presencia. En el pozo están las aguas estancadas. Es tipo de religión donde no hay agua viva que refresca tu interior. Recuerda que *"la letra mata, mas el espíritu vivifica"*. (**2 Corintios 3:6**) Esta mujer iba, quien sabe, todos los días a sacar agua de este pozo, reconociendo que era un pozo de bendición y promesa, pero eso no podía cambiarla, ni satisfacer su sed interior.

¿Cuántas veces vas a la Biblia, estas sedienta en el desierto de tu indiferencia, considerando tu propia voluntad? Pensando en ti y tus penas, y todos los días bebes del pozo de Jacob, sin presencia de Dios en tu vida. Hay más amargura que amor, hay más tristeza que gozo, y hay turbación en vez de paz. Jesús quiere hablar contigo en el pozo de tus ansiedades, temores, depresión, tribulación y soledad para recordarte tu lugar en el hogar, como esposa, como madre, y sobre todo como hija de Dios. Hoy es tu cita en el pozo de Jacob porque Su presencia está ahí. Él está cansado de verte a ti cansada, caminando hacia el pozo con la misma sed y desanimo.

### ¿QUIERES BEBER DEL AGUA?
Te animo a seguir los pasos que tomó esta mujer para saciar su sed.

*"Mas el que bebiere del agua que yo le daré, no tendrá sed jamás; sino que el agua que yo le daré será en él una fuente de agua que salte para vida eterna."*
**Juan 4:14**

**1 ~ Tienes Que Desear No Volver Al Mismo Pozo**
*"La mujer le dijo: Señor, dame esa agua, para que no tenga yo sed, ni venga aquí a sacarla."*
**Juan 4:15**

**2 ~ Acepta la Confrontación Con la Verdad**
*"Jesús le dijo: Ve, llama a tu marido, y ven acá."*
**Juan 4:16**

**3 ~ Ve, Llama lo Que Te Impide y Déjalo en las Manos de Jesús**
*"Respondió la mujer y dijo: No tengo marido, Jesús le dijo: Bien has dicho con verdad."*
**Juan 4:17**

*"Y conoceréis la verdad y la verdad os hará libre."*
**Juan 8:32**

La mentira le ha robado a la mujer muchos de sus beneficios por causa del temor. La ausencia de la presencia de Dios causa temores y ansiedades. Hoy te doy palabra de ánimo para que disfrutes de su Presencia.

*"Mi presencia irá contigo y te daré descanso."*
**Éxodo 33:14**

*"Echando toda vuestra ansiedad* (distracciones, ansiedades, cargas y preocupaciones) *sobre él, porque él tiene cuidado de vosotros."*
**1 Pedro 5:7**

*"En el amor no hay temor, sino que el perfecto amor echa fuera el temor; porque el temor lleva en sí castigo. De donde el que teme, no ha sido perfeccionado en el amor."*
**1 Juan 4:18**

Lo único que te puede ayudar a reconocer Su presencia es establecer una relación con Jesús y aceptarlo como Salvador y luego desarrollar una relación con su Palabra. La Mujer Samaritana tenía conocimiento bíblico de las profecías de los padres de Jerusalén.

*"Le dijo la mujer: Señor, me parece que tú eres profeta.
Nuestros padres adoraron en este monte, y vosotros decís que en Jerusalén es el lugar donde se debe adorar."*
**Juan 4:19-20**

Jesús le habla de una nueva adoración. Es la adoración que Él está pidiendo de ti hoy. Es la adoración del lugar santísimo, donde el pasado queda al olvido y te pierdes en su Presencia.

*"Mas la hora viene, y ahora es, cuando los verdaderos
adoradores adorarán al Padre
en espíritu y en verdad;
porque también el Padre tales adoradores busca que le adoren.
Dios es Espíritu; y los que le adoran,
en espíritu y en verdad es necesario que adoren."*
**Juan 4:23-24**

## RECONOCE EL PLAN DE REDENCIÓN PARA CONOCER SU PRESENCIA

La Mujer Samaritana Reconoce a Jesús Como el Mesías. Y Él se manifestó a ella. Fue una declaración de amor, la cual ningún otro hombre le había ofrecido en la tierra. Él era, es y será el Autor del Amor porque Él es amor.

*"Le dijo la mujer: Sé que ha de venir el Mesías, llamado el Cristo;
cuando él venga nos declarará todas las cosas. Jesús le dijo:
Yo soy, el que habla contigo."*
**Juan 4:25-26**

*"Dios es amor."*
**1 Juan 4:8**

JESÚS LLENA TODO EN TODO y se manifestó a ella.
*"La plenitud de Aquel que todo lo llena en todo."*
**Efesios 1:23**

Esta mujer no se dejó intimidar por los discípulos cuando regresaron. Me imagino las miradas que le daban, quizás de desprecio; pero el amor que Jesús le había brindado fue más fuerte que el menosprecio de los hombres.

*"En esto vinieron sus discípulos, y se maravillaron de que hablaba con una mujer;
sin embargo, ninguno dijo: ¿Qué preguntas? o ¿Qué hablas con ella?"*
**Juan 4:27**

*"Entonces la mujer dejó su cántaro, y fue a la ciudad, y dijo a los hombres."*
**Juan 4:28**

Al dejar su cántaro daba a entender que ya no lo iba a necesitarlo. Ahora ella era el cántaro que llevaba, llevaba agua viva al pueblo.

*"Venid, ved a un hombre que me ha dicho todo cuanto he hecho. ¿No será éste el
Cristo? Entonces salieron de la ciudad, y vinieron a él."*
**Juan 4:29-30**

## JESÚS NUNCA SE EQUIVOCA

Yo me imagino que el hambre y la sed de Jesús era por Samaria. Es imposible pasar de una ciudad a otra sin observar sus ruinas y ver que hay necesidad de AGUA VIVA.

*"Entonces salieron de la ciudad, y vinieron a él.*
*Entre tanto, los discípulos le rogaban, diciendo: Rabí, come.*
*El les dijo: Yo tengo una comida que comer, que vosotros no sabéis.*
*Entonces los discípulos decían unos a otros: ¿Le habrá traído alguien de comer?*
*Jesús les dijo: Mi comida es que haga la voluntad del que me envió,*
*y que acabe su obra."*
**Juan 4:31-34**

## LA MUJER SAMARITANA CUENTA SU HISTORIA

Cuando estamos en Su presencia, no hay nada que nos pueda intimidar. Ella había sido libre de su pasado y fue dando su testimonio. Yo me imagino que aquellos hombres vieron su rostro transformado por la gloria que Jesús había impartido sobre su vida.

*"Y muchos de los samaritanos de aquella ciudad creyeron en él por la palabra de la mujer, que daba testimonio diciendo: Me dijo todo lo que he hecho. Entonces vinieron los samaritanos a él y le rogaron que se quedase con ellos; y se quedó allí dos días."*
**Juan 4:39-40**

Creo firmemente que está mujer manifestó el fruto de haber estado en la presencia del Mesías. El amor, gozo y paz habían tomado dominio de su carácter. Ahora ella era hija del reino de Dios por lo tanto llevaba fruto del Reino. El amor de Dios había sido derramado por el Espíritu Santo en la vida de ella y ahora ella ponía su vida por sus hermanos, el pueblo de Samaria. Cuando vives en la Presencia de Dios, siempre habrá amor para dar.

*"En esto hemos conocido el amor, en que él puso su vida por nosotros; también nosotros debemos poner nuestras vidas por los hermanos."*
**1 Juan 3:16**

CAPÍTULO 14

*Tocando Su Manto*

PARA RESTAURAR SU BELLEZA

**Lucas 8:43-47** y **Mateo 9:20-22,** nos presentan una mujer enferma por más de doce años quien había sufrido de un flujo de sangre, que significa un fluir constante de sangre. Parece que en un tiempo tenía dinero porque da entender que había gastado mucho dinero en varios médicos y ninguno había podido curarla. En medio de su condición física ya había oído hablar de Jesús y los milagros que hacia. Esto impartió en ella fe para creer por su sanidad. Su fe era más fuerte que su condición física, "Porque decía dentro de si: 'Si solamente tocare su manto, seré salva."

¿TIENES ALGUN DERRAME O FLUJO O DEBILIDAD EN TU VIDA QUE NO TE PERMITE TOCAR SU MANTO?

Sera que en tu niñez alguien lastimó tu inocencia. O quien sabe en tu adolescencia cuando florecías como jovencita alguien te deshonró como lo hizo Amnón con Tamar; violando su vida, quitando su inocencia, y rasgando de ella su identidad. Lee su historia en **2 Samuel 13**. Quien sabe si tuviste que irte a trabajar sin terminar tus estudios de primaria y eso te ha marcado porque te sientes intimidada porque no tienes una profesión como tal. O quizás dejaste una carrera de estudio a la mitad porque te casaste y ahora que te encuentras criando hijos y te sientes como que estas encerrada en cuatro paredes y quieres salir. Estas cargada y a veces te descargas con tus hijos con gritos e ira y cuando te vas a la cama llevas un cargo de conciencia sintiéndote culpable de cómo estas criando a tus queridos hijos que tanto amas. En ocasiones tu llamado es mal entendido y lloras en las noches por estar en la casa de Dios entregada como antes. Estas desilusionada con tu matrimonio porque no entiendes el carácter de tu marido. A otras el divorcio les ha marcado por vida, su auto estima esta por el suelo, han perdido peso o aumentado peso, miran cada arruga que sale en su cara, aún antes de salir. La presión financiera ha afectado su manera de vivir. Las pastillas para poder dormir son su mejor amiga porque el pasado sigue corriendo por su mente obstruyendo la habilidad de perdonar al ofensor. El resultado de esto causa que algunas no entiendan a Dios y se alejen de la comunión con él, culpándole por sus problemas.

La mujer del flujo de sangre tenía también sus problemas donde no tenía fuerzas física, ni dinero y quien sabe su alma estaba en aflicción, pero cuando oyó del Maestro determinó dentro de ella hacer algo por si misma. ¿Qué dices dentro de ti? Tu estado interior es más importante que tu estado exterior. Esta mujer dijo dentro si, *"Si solamente tocare su manto seré salva."* Amada amiga, ten cuidado como hablas ya que *la muerte y la vida esta en el poder de la lengua y el que la ama comerá de su fruto* (**Proverbios 18:21**) Esta mujer se acercó por detrás, entre la multitud para acercarse a Jesús sin mirar a nadie. Fue en humildad con el enfoque de tocar al Sanador.

*"Humillaos, pues bajo la poderosa mano de Dios*
*para que os exalte cuando fuere tiempo."*
**1 Pedro 5:6**

¿Te aprieta la multitud? ¿Qué te intimida para tocar Su manto? Complejos, los que te rodean o te da vergüenza arrastrarte entre la multitud. Temores a lo que dirán, acuérdate que

*"En el amor no hay temor sino que el perfecto amor echa fuera el temor; porque el temor lleva en si castigo. De donde el que teme no ha sido perfeccionado el amor."*
**1 Juan 4:18**

Su fe fue más fuerte que su debilidad. Ella es el tipo de persona mencionada en el capítulo 11 de Hebreos, de los héroes de la fe, ella supo *sacar fuerzas de su debilidad*. Ella ya visualizaba en su mente, su sanidad. Su confesión fue firme, *"Si tan solamente tocare su manto, seré salva."* Cuando logra tocar el manto de Jesús, el mismo Jesús sintió que virtud había salido de él y pregunta quien le había tocado.

*"Es pues la fe la certeza de lo que se espera y la convicción de lo que no se ve."*
**Hebreos 11:1**

Hay testimonio de que había una gran multitud que lo estaba tocando y los discípulos le responden, *"Maestro, la multitud te aprieta y oprime y dices: ¿Quién es el que me ha tocado?"* Al ver ella que algo había pasado en ella dice la Escritura vino temblando ante Jesús.

*"Entonces cuando la vio que no había quedado oculta vino temblando,
y postrándose a sus pies, le declaro delante de todo el pueblo,
por que causa le había tocado y como al instante había sido sanada."*
**Lucas 8:47**

Jesús le responde: *"Hija tu fe te ha salvado; ve en paz."* Ella llevaba ahora el manto de salvación, justicia, sanidad y paz con ella. Nosotros tenemos más que el manto, tenemos al Espíritu Santo morando en nosotros. La virtud de él esta dentro de nosotros. Solo hay que dar un paso de fe y ver con ojos de fe, lo que quieres ser y aceptar la Palabra del Dueño de aquel manto.

### ¿CUAL FUE EL RESULTADO DE TOCAR SU MANTO?

Al instante se detuvo su sangre. Jesús nunca falla, solo está esperando por ti. El espera hasta que vayas a Su Palabra y recibas el espíritu de la Palabra y puedas ser sana de todo tu pasado.

# CAPÍTULO 15
## Eres el Vaso de Alabastro
### EXHIBE TU FRAGANCIA

Ese vaso de alabastro es lleno de aceite puro y se convierte en la unción que nos capacita para perfumar al pueblo con nuestros talentos y dones siendo consagrados para el servicio de Dios. Hay talentos y dones escondidos en ti que ya Dios te dio y solo necesitas darle lugar a la unción en tu vida para que fluyas en ellos. Hay una diferencia entre dones y talentos. Los talentos son habilidades naturales que nacen contigo. Los dones son regalos de Dios que recibimos al creer los cuales son dotaciones espirituales, dadas al creyente por la dirección del Espíritu Santo con el propósito de llenar ciertas necesidades en ciertos tiempos de manera sobrenatural. Cuando damos lugar para que la unción tome lugar en nuestras vidas como sacerdotes, los yugos de inferioridad o superioridad o temores se rompen y la unción te capacita.

*"Acontecerá en aquel tiempo que su carga será quitada de tu hombro, y su yugo de tu cerviz, y el yugo se pudrirá a causa de la unción."*
**Isaías 10:27**

*"Pero vosotros tenéis la unción del Santo, y conocéis todas las cosas."*
**1 Juan 2:20**

*"Pero la unción que vosotros recibisteis de él permanece en vosotros, y no tenéis necesidad de que nadie os enseñe; así como la unción misma os enseña todas las cosas, y es verdadera, y no es mentira, según ella os ha enseñado, permaneced en él."*
**1 Juan 2:27**

Esa unción te da la creatividad, pero necesitas creer y activar esa creatividad dentro de ti. Creatividad es el espíritu de inventar, crear o ser original en lo que se hace. La creatividad viene como regalo de Dios desde el principio.

*"Y creó Dios al hombre a su imagen, a imagen de Dios lo creó; varón y hembra los creó.
Y los bendijo Dios, y les dijo: Fructificad y multiplicaos; llenad la tierra, y sojuzgadla, y señoread en los peces del mar, en las aves de los cielos, y en todas las bestias que se mueven sobre la tierra."*
**Génesis 1:27-28**

## La Creatividad Te Lleva a Ser Una Mujer Con Visión

*"Y Jehová me respondió, y dijo: Escribe la visión, y declárala en tablas, para que corra el que leyere en ella. Aunque la visión tardará aún por un tiempo, mas se apresura hacia el fin, y no mentirá; aunque tardare, espéralo, porque sin duda vendrá, no tardará."*
**Habacuc 2:2-3**

La creatividad puede ayudarte a tener tu propio oficio o negocio. Bezaleel y Aholiab, ambos fueron llamados por Dios para correr con la visión y el llamado de Moisés hacía la edificación del tabernáculo (**Éxodo 31:1-11**). Sus dones naturales fueron descubiertos después de ser llamados por nombre. Nadie había construido tabernáculo antes que Moisés. Moisés solo daba la orden y ellos trabajaban. Ellos obraban en la unión y gracia cual estaba operando en ellos, llenos de inteligencia y sabiduría. Estos dones naturales son dirigidos por gracia (por eso la persona ungida es incansable y siempre fluye en cosas nuevas).

*"Antes bien, como está escrito: Cosas que ojo no vio, ni oído oyó, ni han subido en corazón de hombre, son las que Dios ha preparado para los que le aman."*
**1 Corintios 2:9**

La unción te capacita donde tus dones te elevan a realizar por gracia el llamado. Cada hijo de Dios es un sacerdote en la casa. Lo único que hace la diferencia es el aceite. La falta de aceite adormece los dones y talentos y no se puede reconocer la visitación de Dios, sin aceite. Mas cuando tu vida esta llena del aceite la unción te conecta a la visión y en tu corazón hay un banquete continúo.

## CAPÍTULO 16
# La Fragancia de la Mujer
### EN LA IGLESIA

Me asombré cuando comencé a leer el último capítulo del libro de Romanos, pues pude ver tantas mujeres que son reconocidas por el Apóstol Pablo. Fueron colaboradoras de llevar el Evangelio como parte de la Iglesia primitiva y algunas son mencionadas por nombre. A veces se le da atención a las limitaciones que muchas tradiciones han puesto sobre el llamado de la mujer. Con solo dos citas bíblicas ella misma pueda dejar de florecer.

*"Vuestras mujeres callen en las congregaciones; porque no les es permitido hablar, sino que estén sujetas, como también la ley dice.*
*Y si quieren aprender alguna cosa, pregunten en casa á sus maridos; porque deshonesta cosa es hablar una mujer en la congregación."*
**1 Corintios 14:34-35**

*"La mujer aprenda en silencio, con toda sujeción. Porque no permito á la mujer enseñar, ni tomar autoridad sobre el hombre, sino estar en silencio."*
**1 Timoteo 2:11-12**

Estas Escrituras son dirigidas hacia su marido, dejándole saber la gran responsabilidad que tiene el marido como sacerdote de la familia. Estas dos Escrituras no quitó, ni detuvo que la Iglesia primitiva beneficiara grandemente de la contribución del llamado y ministerio de la mujer. Estudiando el último libro de Romanos podemos ver cuantas mujeres ministraban junto al Apóstol Pablo.

FEBE

Febe fue diaconisa y su nombre significa *pura, radiante como la luna* ella también fue ayudante del Apóstol Pablo y parece que viajaba como misionera.

*"Encomiéndoos empero á Febe nuestra hermana,*
*la cual es diaconisa de la iglesia que está en Cencreas:*
*que la recibáis en el Señor, como es digno á los santos,*
*y que la ayudéis en cualquiera cosa en que os hubiere menester:*
*porque ella ha ayudado a muchos, y a mí mismo."*
**Romanos 16:1-2**

Priscila junto a su esposo, Aquila expuso su vida por Pablo.

*"Saludad a Priscila y a Aquila, mis colaboradores en Cristo Jesús, que expusieron su vida por mi; a los cuales no solo yo doy gracias, sino también todas las iglesias de los gentiles."*
**Romanos 16:3-4**

Una llamada María sobresale en su obra…

*"Saludad a María, la cual ha trabajado mucho entre vosotros."*
**Romanos 16:6**

Otras mujeres que trabajaron en la obra…

*"Saludad a Trifena y a Trifosa, las cuales trabajan en el Señor. Saludad a la amada Persida, la cual ha trabajado mucho en el Señor."*
**Romanos 16:12**

Aun hoy, el crecimiento de muchas iglesias es el resultado de *"las cuales han trabajado mucho"*. Yo me incluyo entre ellas, mi mamá, mis tres hijas las cuales son pastoras. Aun mis nietas son colaboradoras en la danza, en la enseñanza, y han aprendido lo que es levantarse de madrugada para los ensayos de danza, o estar largas horas en las noche preparándose para alguna presentación especial en los días de celebraciones de la iglesia. El Dr. Yongi Cho dijo: *"Fueron mujeres las que han colaborado con los grupos, y son las que se oyen en la montaña de oración."* Una mañana mi esposo y yo fuimos a orar a las 4:00 de la mañana con el Evangelista Yiye Avila en Camuy, Puerto Rico y cuando llegamos, solamente se encontraban mujeres orando con él. No podemos limitar a la mujer que ha experimentado un avivamiento en su vida a trabajar en la obra del Señor. La asamblea pública es algo pequeño de lo que la mujer puede obrar o hacer en la congregación. Hay mucho trabajo fuera de la asamblea si la Iglesia ha de crecer. La mujer casi siempre está en posición de proveer de su tiempo al trabajo tan necesario para la Iglesia. Miremos las diferentes funciones que la mujer es de bendición a la iglesia.

## EL SERVICIO HUMANITARIO DE LA MUJER

El servicio humanitario es un trabajo muy importante es la marca de la religión pura y sin mancha. Hemos tenido el honor de conocer mujeres que sobrepasan en la contribución atendiendo a las viudas y ancianos. Si fuera a escribir el libro de Romanos 16 le añadiría a Aida Molina, Lucy Ortega, Ada Fonseca y muchas más. Estas mujeres han cuidado de mi madre en mi ausencia. Ellas ministran a los enfermos, pobres, y a prisioneros éste es un servicio rendido al mismo Jesús. (Mateo 25:34-40)

*"La religión pura y sin mácula delante de Dios el Padre es esta: Visitar a los huérfanos y a las viudas en sus tribulaciones, y guardarse sin mancha del mundo."*
**Santiago 1:27**

La mujer trasmite gracia y belleza diferente al hombre. Los atributos de feminidad van bien con este trabajo. La compasión y misericordia es casi una segunda naturaleza de la mujer y la misericordia es uno de los dones que Dios le ha dado a la Iglesia.

*"De manera que, teniendo diferentes dones según la gracia que nos es dada…el que hace misericordia, con alegría."*
**Romanos 12:6, 8**

Dorcas daba de su talento a las viudas cociendo para ellas túnicas y vestidos.

*Entonces en Joppe había una discípula llamada Tabita, que si lo declaras,*
*quiere decir Dorcas. Esta era llena de buenas obras y de limosnas que hacía.*
*Y aconteció en aquellos días que enfermando, murió; á la cual,*
*después de lavada, pusieron en una sala.*
*Y como Lydia estaba cerca de Joppe, los discípulos, oyendo que Pedro estaba allí, le*
*enviaron dos hombres, rogándole: No te detengas en venir hasta nosotros.*
*Pedro entonces levantándose, fué con ellos: y llegado que hubo, le llevaron á la sala,*
*donde le rodearon todas las viudas, llorando y mostrando las túnicas y los vestidos que*
*Dorcas hacía cuando estaba con ellas."*
**Hechos 9:36-39**

Dorcas cuidaba de las viudas, de mujeres de las siguientes características:

*"Tienen testimonio de buenas obras; han practicado la hospitalidad, han lavado los pies de los santos, han socorridos a los afligidos, han practicado toda buena obra sea puesta en la lista solo la viuda no menor que de sesenta años, que haya sido esposa de un solo marido. Que tenga testimonio en buenas obras; si ha criado hijos; si ha practicado la hospitalidad; si ha lavado los pies de los santos; si ha socorrido á los afligidos; si ha practicado toda buena obra."*
**1 Timoteo 5:9-10**

Toda obra humanitaria que la mujer hace en su área es una contribución poderosa a la obra y el testimonio de la Iglesia local.

## SU PORTE DE MAESTRA DEL BIEN AYUDA A LA FAMILIA

Las maestras del bien son esencial en la obra del Señor. Como maestras del bien envuelve el crecimiento del Cuerpo de Cristo, por medio de la ayuda mutua de cada miembro.

*"Sino que siguiendo la verdad en amor, crezcamos en todo en aquel que es la cabeza, esto es, Cristo, de quien todo el cuerpo, bien concertado y unido entre sí por todas las coyunturas que se ayudan mutuamente,
según la actividad propia de cada miembro,
recibe su crecimiento para ir edificándose en amor."*
**Efesios 4:15-16**

Es de suma importancia aprender a sobrellevar las cargas de otros. El cuerpo de Cristo carece de personas que se ocupen del bienestar de otras personas, ya que vivimos en una sociedad con la mentalidad arraigada en el "yo".

*"Sobrellevad los unos las cargas de los otros, y cumplid así la ley de Cristo."*
**Gálatas 6:2**

*"Por los cual animaos unos a otros, y edificaos unos a otros, así como lo hacéis. También os rogamos, hermanos, que amonestéis a los ociosos, que alentéis a los de poco animo, que sostengáis a los débiles, que seas paciente para con todos."*
**1 Tesalonicenses 5:11, 14**

## LA MUJER PUEDE HACER MUCHO PARA EDIFICAR LA IGLESIA

La mujer es llamada a ser maestra del bien y puede ser de mucha edificación a la Iglesia. Abuelas y madres pueden enseñar a sus hijos, como Eunice y Loida enseñaron a Timoteo.

*"Trayendo á la memoria la fe no fingida que hay en ti, la cual residió primero en tu abuela Loida, y en tu madre Eunice; y estoy cierto que en ti también."*
**2 Timoteo 1:5**

*"Empero persiste tú en lo que has aprendido y te persuadiste, sabiendo de quién has aprendido; y que desde la niñez has sabido las Sagradas Escrituras, las cuales te pueden hacer sabio para la salud por la fe que es en Cristo Jesús."*
**2 Timoteo 3:14-15**

**Las Mujeres Ancianas (Maduras) Deben Enseñar a las Más Jóvenes**

*"Las ancianas asimismo sean reverentes en su porte; no calumniadoras, no esclavas del vino, maestras del bien: Que enseñen á las mujeres jóvenes, á amar á sus maridos, y á sus hijos, a ser prudentes, castas, cuidadosa de la casa, buenas, sujetas á sus maridos: para que la palabra de Dios no sea blasfemada."*
**Tito 2:3-5**

A nuestras congregaciones llegan personas sin el beneficio de tener madres y abuelas piadosas. Tu puedes hacer curso de amor y cuidado para ellas. Mira como Pablo adopta una madre para él en el ministerio.

*"Saluda a Rufo escogido en el Señor y a su madre y mía."*
**Romanos 16:13**

La mujer puede animar por medio de palabras y en una conversación normal presentar el plan de salvación. Mi madre de 84 años viaja y en los aviones siempre deja una semilla de amor y se ha ganado muchas almas para Cristo. Yo practico lo mismo. Se ha dicho que el hombre por su naturaleza puede producir, pero la mujer por naturaleza puede nutrir o animar. Hoy día contamos con tantas familias disfuncionales y con grandes problemas emocionales. El don de ánimo y caridad que poseen muchas mujeres de Dios es esencial para sanar la familia. Incluso, muchos maestros y predicadores han sido ayudados por mujeres de Dios, dándole ánimo en su trabajo para el Señor.

## LA MUJER EN EL EVANGELISMO

El evangelismo es necesario para la Iglesia. Es la Gran Comisión dada a la Iglesia.

*"Por tanto, id, y haced discípulos a todas las naciones,*
*bautizándolos en el nombre del Padre, y del Hijo, y del Espíritu Santo;*
*enseñándoles que guarden todas las cosas que os he mandado;*
*y he aquí yo estoy con vosotros todos los días, hasta el fin del mundo. Amén."*
**Mateo 28:19-20**

El Evangelio es el poder de Dios para salvar, así que hay que compartirlo con todo el mundo.

*"Porque no me avergüenzo del Evangelio, porque es poder de Dios para salvación a todo aquel que cree; al judío primeramente, y también al griego."*
**Romanos 1:16**

*"Y les dijo: Id por todo el mundo y predicad el evangelio a toda criatura.*
*El que creyere y fuere bautizado, será salvo; mas el que no creyere, será condenado."*
**Marcos 16:15-16**

*"No estamos haciendo bien. Hoy es día de buenas nuevas y nosotros callamos."*
**2 Reyes 7:9**

Todos pueden llevar las buenas nuevas ya que no hay edad que nos limita en hablar de lo que Dios ha hecho. Puedes entrenar a tus hijos, a tus nietos y a tus bisnietos a llevar el mensaje de la reconciliación. Como mujer puedes servir de tus bienes a aquellos que predican el Evangelio como hicieron María Magdalena, Juana y Susana.

*"Aconteció después, que él caminaba por todas las ciudades y aldeas, predicando y anunciando el evangelio del reino de Dios, y los doce con él, y algunas mujeres que habían sido sanadas de malos espíritus y de enfermedades: María, que se llamaba Magdalena, de la cual habían salido siete demonios, Y Juana, mujer de Chuza, procurador de Herodes, y Susana, y otras muchas que le servían de sus bienes."*
**Lucas 8:1-3**

La mujer puede ayudar proveyendo hospitalidad como hizo Lidia—

*"Entonces una mujer llamada Lidia, vendedora de púrpura, de la ciudad de Tiatira, que adoraba a Dios, estaba oyendo; y el Señor abrió el corazón de ella para que estuviese atenta a lo que Pablo decía. Y cuando fue bautizada, y su familia, nos rogó diciendo: Si habéis juzgado que yo sea fiel al Señor, entrad en mi casa, y posad. Y nos obligó a quedarnos."*
**Hechos 16:14-15**

El testimonio personal de una mujer puede salvar familias y pueblos. Considera el ejemplo de la Mujer Samaritana que fue instrumento en compartir el Evangelio a muchas personas.

*"Y muchos de los samaritanos de aquella ciudad creyeron en él por la palabra de la mujer, que daba testimonio diciendo: Me dijo todo lo que he hecho."*
**Juan 4:39**

Priscila y su esposo proveyeron albergue a Pablo durante su ministerio en Corinto y también le cuidaron en medio del peligro en Roma. Esta pareja también recibió a una iglesia en su casa y también pudieron instruir a otras personas en los fundamentos del Evangelio.

*"Y hallando á un Judío llamado Aquila, natural del Ponto, que hacía poco que había venido de Italia, y á Priscila su mujer, (porque Claudio había mandado que todos los Judíos saliesen de Roma) se vino á ellos; y porque era de su oficio, posó con ellos, y trabajaba; porque el oficio de ellos era hacer tiendas."*
**Hechos 18:1-3**

*"Llegó entonces á Efeso un Judío, llamado Apolos, natural de Alejandría, varón elocuente, poderoso en las Escrituras. Este era instruído en el camino del Señor; y ferviente de espíritu, hablaba y enseñaba diligentemente las cosas que son del Señor, enseñando solamente en el bautismo de Juan. Y comenzó á hablar confiadamente en la sinagoga: al cual como oyeron Priscila y Aquila, le tomaron, y le declararon más particularmente el camino de Dios."*
**Hechos 18:24-26**

*"Las iglesias de Asia os saludan. Os saludan mucho en el Señor Aquila y Priscila, con la iglesia que está en su casa."*
**1 Corintios 16:19**

*"Saludad a Priscila y a Aquila, mis colaboradores en Cristo Jesús, que expusieron su vida por mí; a los cuales no sólo yo doy gracias, sino también todas las iglesias de los gentiles."*
**Romanos 16:3-4**

Aún hasta sin hablar, mujeres santas pueden dirigir a otras personas a Cristo, incluyendo a esposos no creyentes.

*"Asimismo vosotras, mujeres, estad sujetas a vuestros maridos; para que también los que no creen a la palabra, sean ganados sin palabra por la conducta de sus esposas, considerando vuestra conducta casta y respetuosa."*
**1 Pedro 3:1-2**

¡Muchas almas han sido salvas e iglesias levantadas por el esfuerzo evangelístico de mujeres santas! Ciertamente hay mucho que una mujer puede contribuir a la obra de la iglesia local. El vivir una vida devota en la oración e intercesión por otros es de suma importancia. Además de eso, hay una gran variedad de actividades en las cuales la mujer puede participar. La medida verdadera de una iglesia local no es solamente definida por lo que ocurre en la Iglesia. Incluye lo que los miembros hacen día a día, en el hogar, en el trabajo, en el mundo. Envuelve la obra humanitaria, la edificación y evangelismo que toma lugar diariamente en lo personal. Cuando mujeres santas están activas en el servicio al Señor, usando los talentos únicos y oportunidades dadas a ellas. ¡Que nunca tomemos en poco el servicio valioso rendido por nuestras hermanas en Cristo, que les podamos alentar de manera que sea digna! Toda mujer es llamada maestra del bien, ahora depende de ti que desees enseñar y a quienes deseas alcanzar.

## UNGIDAS PARA MARCAR GENERACIONES PARA DIOS

*"El Espíritu del Señor es sobre mí, por cuanto me ha ungido para dar buenas nuevas a los pobres: me ha enviado para sanar a los quebrantados de corazón; para pregonar a los cautivos libertad, y a los ciegos vista; para poner en libertad a los quebrantados: para predicar el año agradable del Señor."*
**Lucas 4:18-19**

# CAPÍTULO 17
## Dios Te Ve
### EN EL DESIERTO

Dios es conocido por muchos nombres, pero hoy quiero hablar de uno de Sus nombres cual me ha ministrado mucho. Jehová **El Roi,** *El Dios que me ve,* Lo vemos en el desierto con Agar. Miremos lo que ha pasado - Génesis 16

*"Sarai mujer de Abram no le daba hijos; y ella tenía una sierva egipcia, que se llamaba Agar. Dijo entonces Sarai a Abram: Ya ves que Jehová me ha hecho estéril; te ruego, pues, que te llegues a mi sierva; quizá tendré hijos de ella. Y atendió Abram al ruego de Sarai. Y Sarai mujer de Abram tomó a Agar su sierva egipcia, al cabo de diez años que había habitado Abram en la tierra de Canaán, y la dio por mujer a Abram su marido. Y él se llegó a Agar, la cual concibió; y cuando vio que había concebido, miraba con desprecio a su señora. Entonces Sarai dijo a Abram: Mi afrenta sea sobre ti; yo te di mi sierva por mujer, y viéndose encinta, me mira con desprecio; juzgue Jehová entre tú y yo. Y respondió Abram a Sarai: He aquí, tu sierva está en tu mano; haz con ella lo que bien te parezca. Y como Sarai la afligía, ella huyó de su presencia. Y la halló el ángel de Jehová junto a una fuente de agua en el desierto, junto a la fuente que está en el camino de Shur. Y le dijo: Agar, sierva de Sarai."*
**Génesis 16:1-8**

El ángel le hace dos preguntas en el desierto, le pregunta *"¿De dónde vienes tú, y a dónde vas? Y ella respondió: Huyo de delante de Sarai mi señora."* En el desierto tu solo puedes contestar la primera pregunta pero la segunda se queda en el aire. La palabra desierto significa abandonado, inhabitado, sin cultivar, una tierra o país desierto. *"Y le dijo el ángel de Jehová: Vuélvete a tu señora, y ponte sumisa bajo su mano."* El ángel le da promesa de bendición sobre su hijo.

*"Le dijo también el ángel de Jehová: Multiplicaré tanto tu descendencia, que no podrá ser contada a causa de la multitud. Además le dijo el ángel de Jehová: He aquí que has concebido, y darás a luz un hijo, y llamarás su nombre Ismael, porque Jehová ha oído tu aflicción. Y él será hombre fiero; su mano será contra todos, y la mano de todos contra él, y delante de todos sus hermanos habitará. Entonces llamó el nombre de Jehová que con ella hablaba: Tú eres Dios que ve; porque dijo: ¿No he visto también aquí al que me ve? Por lo cual llamó al pozo: Pozo del Viviente-que-me-ve.
He aquí está entre Cades y Bered.*

*Y Agar dio a luz un hijo a Abram, y llamó Abram el nombre del hijo que le dio Agar, Ismael. (significa Dios oye) Era Abram de edad de ochenta y seis años, cuando Agar dio a luz a Ismael."*
**Génesis 16:9-16**

## Otro Encuentro Con El *Dios Que Me Ve*

*"Y le faltó el agua del odre, y echó al muchacho debajo de un arbusto, y se fue y se sentó enfrente, a distancia de un tiro de arco; porque decía: No veré cuando el muchacho muera. Y cuando ella se sentó enfrente, el muchacho alzó su voz y lloró. Y oyó Dios la voz del muchacho; (de 14 años de edad) y el ángel de Dios llamó a Agar desde el cielo, y le dijo: ¿Qué tienes, Agar? No temas; porque Dios ha oído la voz del muchacho en donde está. Levántate, alza al muchacho, y sostenlo con tu mano, porque yo haré de él una gran nación. Entonces Dios le abrió los ojos, y vio una fuente de agua; (Esa fuente de agua viva esta fluyendo dentro de ti en tus desiertos, solo necesitas que la palabra se despierte dentro de ti) y fue y llenó el odre de agua, y dio de beber al muchacho. Y Dios estaba con el muchacho; y creció, y habitó en el desierto, y fue tirador de arco."*
**Génesis 21:15-20**

## Promesa del *Dios Que Me Ve* en el Desierto

*"He aquí que yo hago cosa nueva; pronto saldrá a luz; ¿no la conoceréis? Otra vez abriré camino en el desierto, y ríos en la soledad."*
**Isaías 43:19**

## *El Dios Que Me Ve* es de Quien Habla David

*"Dios mío, tú me conoces muy bien; ¡sabes todo acerca de mí! Sabes cuándo me siento y cuándo me levanto; ¡aunque esté lejos de ti, me lees los pensamientos! Sabes lo que hago y lo que no hago; ¡no hay nada que no sepas! Todavía no he dicho nada, y tú ya sabes qué diré. Me tienes rodeado por completo; ¡estoy bajo tu control! ¡Yo no alcanzo a comprender tu admirable conocimiento! ¡Queda fuera de mi alcance! ¡Jamás podría yo alejarme de tu espíritu, o pretender huir de ti! Si pudiera yo subir al cielo, allí te encontraría; si bajara a lo profundo de la*

*tierra, también allí te encontraría. Si volara yo hacia el este, tu mano derecha me guiaría; si me quedara a vivir en el oeste, también allí me darías tu ayuda. Si yo quisiera que fuera ya de noche para esconderme en la oscuridad, ¡de nada serviría! ¡Para ti no hay diferencia entre la oscuridad y la luz! ¡Para ti, hasta la noche brilla como la luz del sol! Dios mío, tú fuiste quien me formó en el vientre de mi madre. Tú fuiste quien formó cada parte de mi cuerpo. Soy una creación maravillosa, y por eso te doy gracias. Todo lo que haces es maravilloso, ¡de eso estoy bien seguro! Tú viste cuando mi cuerpo fue cobrando forma en las profundidades de la tierra; ¡aún no había vivido un solo día, cuando tú ya habías decidido cuánto tiempo viviría! ¡Lo habías anotado en tu libro!"*
**Salmo 139:1-16 TLA**

*"Los ojos de Jehová están sobre los justos, y atentos sus oídos al clamor de ellos."*
**Salmo 34:15**
(No solamente te ve sino que también te oye.)

*"Pero tu, O Jehová, me conoces; me viste, y probaste mi corazón para contigo".*
**Jeremías 12:3**

## Cuando Conoces al *Dios Que Me Ve* Hay Quietud y Confianza

*"Por tanto os digo: No os afanéis por vuestra vida, qué habéis de comer o qué habéis de beber; ni por vuestro cuerpo, qué habéis de vestir. ¿No es la vida más que el alimento, y el cuerpo más que el vestido? Mirad las aves del cielo, que no siembran, ni siegan, ni recogen en graneros; y vuestro Padre celestial las alimenta. ¿No valéis vosotros mucho más que ellas? ¿Y quién de vosotros podrá, por mucho que se afane, añadir a su estatura un codo? Y por el vestido, ¿por qué os afanáis? Considerad los lirios del campo, cómo crecen: no trabajan ni hilan; pero os digo, que ni aun Salomón con toda su gloria se vistió así como uno de ellos. Y si la hierba del campo que hoy es, y mañana se echa en el horno, Dios la viste así, ¿no hará mucho más a vosotros, hombres de poca fe? No os afanéis, pues, diciendo: ¿Qué comeremos, o qué beberemos, o qué vestiremos? Porque los gentiles buscan todas estas cosas; pero vuestro Padre celestial sabe que tenéis necesidad de todas estas cosas. Mas buscad primeramente el reino de Dios y su justicia, y todas estas cosas os serán añadidas. Así que, no os afanéis por el día de mañana, porque el día de mañana traerá su afán. Basta a cada día su propio mal."*
**Mateo 6:25-34**

Oremos para que puedas abrir tus ojos para ver la obra del *Dios que te ve* y para que aumente tu fe en medio de cualquier desierto que tengas que pasar o que estés pasando ahora. Recuerda que fue en el desierto donde Dios llamó a Moisés, *Dios Que Me Ve*, en medio de la zarza que ardía y no se consumía. Siempre el encuentro con el *Dios que Me Ve,* es para enseñarte el camino correcto donde ir.

*"Y dijo: No te acerques; quita tu calzado de tus pies, porque el lugar en que tú estás, tierra santa es."*
**Éxodo 3:5**

# CAPÍTULO 18
## Principios de Belleza
### PARA EL MATRIMONIO

*"'Hagamos al hombre a nuestra imagen,' y creó Dios al hombre a su imagen, a imagen de Dios lo creó; varón y hembra los creó. "Y los bendijo Dios."*
**Génesis 1:26-28**

Dios hizo al hombre y a la mujer muy diferentes para que se complementaran el uno al otro. Sus necesidades son muy distintas del uno al otro. *Espiritualmente*, el hombre se acerca a Dios directamente, sin llanto ni expresión emocional. La mujer se acerca a Dios paso a paso muchas veces envolviendo sus emociones y muchas veces con lágrimas. *Emocionalmente*, el hombre es más despreocupado, impersonal, se adapta rápidamente a los cambios y su expresión es más por lo físico. La mujer es más personal, se relaciona íntimamente con su semejante, le toma más tiempo en ajustarse a los cambios y se expresa más verbalmente. *Mentalmente*, el hombre es analítico, habla sin detalles. Por ejemplo, si le preguntas ¿Cómo pasaste el día? Su repuesta será, "Bien." La mujer es más sensitiva a las cosas y habla lo que siente. Si le preguntas sobre el día te dirá detalles. *En la Intimidad*, el hombre siempre esta listo, es estimulado por la vista, no necesita preparación para la intimidad sexual. La mujer depende de su menstruación mensual, sin mencionar de los cambios hormonales, ella es estimulada por el tacto y palabras dulces. Ella necesita sentirse amada para corresponder a la intimidad sexual.

Creo que al conocer la diferencia entre el hombre y la mujer debe ayudar a hacer ajustes para complementarse el uno al otro. Cuando yo aprendí lo diferente que somos mi esposo y yo, comencé a aplicar lo que mi amado iba a necesitar de mi.

Quiero darte algunos principios para aplicar a tu matrimonio que te pueden ayudar ha llegar a ser un matrimonio de madurez. Uso la palabra *madurez* porque creo que muchos de los problemas del matrimonio es por falta de madurez. El matrimonio no es un tiempo de fantasía, es un tiempo donde dos personas se unen por amor y luego pasan por un proceso de ajustarse a los cambios que vienen con vivir con alguien diferente a ti. Puede ser que hayan desacuerdos en el matrimonio, y Dios desea que seas feliz y completo.

## PRINCIPIO 1
### Aprendan Juntos a Temer a Dios
*"El principio de la sabiduría es el temor de Jehová."*
**Proverbios 1:7**

## PRINCIPIO 2
### Aprendan lo Que es el Amor
*"El amor es sufrido, es benigno; el amor no tiene envidia, el amor no es jactancioso, no se envanece; no hace nada indebido, no busca lo suyo, no se irrita, no guarda rencor; no se goza de la injusticia, mas se goza de la verdad. Todo lo sufre, todo lo cree, todo lo espera, todo lo soporta."*
**1 Corintios 13:4-7**

*"Pero el amor cubrirá todas las faltas."*
**Proverbios 10:12**

*"Y ante todo, tened entre vosotros ferviente amor; porque el amor cubrirá multitud de pecados."*
**1 Pedro 4:8**

## PRINCIPIO 3
### Aprendan a Hablar
*"La muerte y la vida están en poder de la lengua, y el que la ama comerá de sus frutos."*
**Proverbios 18:21**

## PRINCIPIO 4
### Aprendan a Orar Juntos
*"Otra vez os digo, que si dos de vosotros se pusieren de acuerdo en la tierra acerca de cualquiera cosa que pidieren, les será hecho por mi Padre que está en los cielos."*
**Mateo 18:19**

## PRINCIPIO 5
### Aprendan a Ir Juntos a la Casa de Dios
*"Y considerémonos unos a otros para estimularnos al amor y a las buenas obras; no dejando de congregarnos, como algunos tienen por costumbre, sino exhortándonos; y tanto más, cuanto veis que aquel día se acerca."*
**Hebreos 10:24-25**

## PRINCIPIO 6
### Aprendan a Reprender al Devorador de Su Relación
*"Traed todos los diezmos al alfolí y haya alimento en mi casa; y probadme ahora en esto, dice Jehová de los ejércitos, si no os abriré las ventanas de los cielos, y derramaré sobre vosotros bendición hasta que sobreabunde. Reprenderé también por vosotros al devorador, y no os destruirá el fruto de la tierra, ni vuestra vid en el campo será estéril, dice Jehová de los ejércitos."*
**Malaquías 3:10-11**

## PRINCIPIO 7
### Aprendan a Ser Buenos Padres
*"Instruye al niño en su camino, y aun cuando fuere viejo no se apartará de él."*
**Proverbios 22:6**

## PRINCIPIO 8
### Aprendan a Ser Consistentes
*"La necedad está ligada en el corazón del muchacho;
Mas la vara de la corrección la alejará de él."*
**Proverbios 22:15**

## PRINCIPIO 9
### Aprendan a Castigar Justamente
*"Es verdad que ninguna disciplina al presente parece ser causa de gozo, sino de tristeza; pero después da fruto apacible de justicia a los que en ella han sido ejercitados."*
**Hebreos 12:11**

### PRINCIPIO 10
**Aprendan a Estar de Acuerdo en Amor**
*"El que detiene el castigo, a su hijo aborrece;
Mas el que lo ama, desde temprano lo corrige."*
**Proverbios 13:24**

### PRINCIPIO 11
**Aprendan a Usar la Vara y la Corrección**
*"La vara y la corrección dan sabiduría;
Mas el muchacho consentido avergonzará a su madre."*
**Proverbios 29:15**

### PRINCIPIO 12
**Aprendan a Controlar Su Ira**
*"Y vosotros, padres no provoquéis a ira a vuestros hijos,
sino criadlos en la disciplina y amonestación del Señor."*
**Efesios 6:4**

*"Y en cuanto a ustedes, padres, no estén siempre regañando y castigando a sus hijos,
con lo cual pueden provocar en ellos ira y resentimiento.
Más bien críenlos en amorosa disciplina cristiana,
mediante sugerencias y consejos piadosos."*
**Versión al Día**

**¡El mejor esposo, es el mejor padre!**

*"Sea bendito tu manantial, y alégrate con la mujer de tu juventud."*
**Proverbios 5:18**

## CAPÍTULO 19
# Un Llamado a Exhibir La Belleza
### COMO PADRES

No podemos ignorar los tiempos en que vivimos y como madres de éste siglo, necesitamos estar al día de todo incluyendo los inventos humanos de esta generación como la computadora entre otras cosas. Es el tiempo donde la ciencia ha aumentado tal como Daniel lo profetizó.

*"Pero tú Daniel, cierra las palabras y sella el libro hasta el tiempo del fin. Muchos correrán de aquí para allá, y la ciencia se aumentará."*
**Daniel 12:4**

Se oye de guerras y rumores de guerra. Aun el terrorismo ha aumentado como nunca antes en la historia de los Estados Unidos de América. Nuestros hijos se están criando bajo una generación sodomita, sin identidad personal, sin temor de Dios. La televisión ha logrado ser para algunos el cine de sus hogares, exhibiendo el pecado de inmoralidad, violencia, homicidios y vicios y esto se acepta como algo normal en nuestra sociedad. Nuestros niños y jóvenes están rodeados por influencias de actitudes rebeldes hacia la autoridad, sin principios ni valores hacia la paternidad.

*"También debes saber esto: Que en los postreros días vendrán tiempos peligrosos. Porque habrán hombres amadores de sí mismos, avaros, vanagloriosos, soberbios, blasfemos, desobedientes a los padres, ingratos, impíos. Sin afecto natural, implacables, calumniadores, intemperantes, crueles, aborrecedores de lo bueno, Traidores, impetuosos, infatuados, amadores de los deleites más que de Dios. Que tendrán apariencia de piedad, pero negarán la eficacia de ella; a estos evita."*
**1 Timoteo 3:1-5**

El Profeta Jeremías vio estos días y dijo:

*"Por el sonido de los cascos de sus caballos, por el alboroto de sus carros, por el estruendo de sus ruedas, los padres no cuidaron a los hijos por la debilidad de sus manos."*
**Jeremías 47:3**

A veces los padres ven las noticias y los tiempos en que vivimos y temen ejercer su lugar en amonestar a sus hijos. Sus manos se debilitan en disciplinarlos y cuando abren sus ojos ha sido demasiado tarde. No ignoramos que ha habido muchos abusos en los matrimonios y esto ha causado muchas familias disfuncionales las cuales necesitan consejería de emergencia. Dios no nos llama hacer esclavos de nadie, y esto incluye el matrimonio. Los dice en el capitulo de la Biblia donde se habla solo del matrimonio. Como padres debemos de practicar lo que Moisés le enseñó al pueblo. Mi amado y yo lo hicimos con nuestros hijos. Ellos aprendieron a memorizar las Escrituras desde su niñez lo cual le ha servido de provecho especialmente cuando cruzaban la etapa de su juventud.

*"Y amarás a Jehová tu Dios de todo tu corazón y de toda tu alma, y con todas tus fuerzas. Y estas palabras que yo te mando hoy, estarán sobre tu corazón y las repetirás a tus hijos, y hablaras de ellas estando en tu casa, y andando por el camino, y al acostarte, y cuando te levantes. Y las ataras como una señal en tu mano, y estarán como frontales entre tus ojos; y las escribirás en los postes de tu casa, y en tus puertas."*
**Deuteronomio 6:5-9**

Te aconsejo hacer el memorizar las Escrituras con tus hijos parte de tu caminar y que tu confesión siempre sea la Palabra de Dios.

*"Nunca se apartará de tu boca este libro de la ley, sino que de día y de noche meditarás en él, para que guardes y hagas conforme a todo lo que en él está escrito; porque entonces harás prosperar tu camino, y todo te saldrá bien."*
**Josué 1:8**

Que podamos decirle a nuestros hijos:

*"Lo que aprendisteis y recibisteis y oísteis y visteis en mí, esto haced; y el Dios de paz estará con vosotros."*
**Filipenses 4:9**

*"Sed imitadores de mi, así como yo de Cristo."*
**1 Corintios 11:1**

Que tu vida esté tan escondida en Dios para que cuando ellos te miren vean a Cristo a través de ti.

*"Porque habéis muerto, y vuestra vida está escondida con Cristo en Dios."*
**Colosenses 3:3**

*"Con Cristo estoy juntamente crucificado, y ya no vivo yo, mas vive Cristo en mi, y lo que ahora vivo en la carne lo vivo en la fe del hijo de Dios el cual me amó y se entregó a sí mismo por mí."*
**Gálatas 2:20**

Que puedas disciplinar a tus hijos con amor.

*"Porque Jehová al que ama castiga, como el padre al hijo a quien quiere."*
**Proverbios 3:12**

El anhelo de los padres es que sus hijos sean llenos del Espíritu Santo. Que se cumpla la palabra profética de Joel.

*"Más esto es lo dicho por el profeta Joel: y en los postreros días, dice Dios, derramaré de mi Espíritu sobre toda carne, y vuestros hijos y vuestras hijas profetizarán; vuestros jóvenes verán visiones, y vuestros ancianos soñarán sueños."*
**Hechos 2:16-17**

Esta llenura no es solamente de hablar en lenguas. Es una llenura de la Palabra, de fruto, de carácter cristiano, de compromiso y convicciones que reflejan la vida de Dios en nosotros. Nuestros hijos son la generación más poderosa en la tierra. La alabanza ha sido perfeccionada en su boca. Es la generación que más celo tiene por la casa de Dios. Hay que instruirles en la Palabra de Dios, no es decirle al niño de las cosas de Dios sino entrenarle en vivir la verdad y en la verdad.

*"Instruye al niño en su camino, y aun cuando fuere viejo no se apartará de él."*
**Proverbios 22:6**

El diccionario Webster define la palabra *instruir* en darle forma por medio de instrucción, disciplina o adiestramiento como el ejército, enseñar hasta que esté calificado o hábil, guiar a la sumisión. En hebreo, *instruye* significa entrenarlos para desarrollar sed.

*"La vara y la corrección dan sabiduría;
mas el muchacho consentido avergonzará a su madre."*
**Proverbios 29:15**

## HAY TRES MANERAS EN QUE LOS PADRES APLICAN DISCIPLINA

### Primera Manera en Que Padres Aplican Disciplina

El Padre Autoritario - Padres que tienen sus normas ya establecidas y esperan obediencia absoluta sin cuestionar o preguntar. Por ejemplo, "Hijo, te vienes a comer a la mesa ahora mismo."

### Segunda Manera en Que Padres Aplican Disciplina

El Padre Permisivo - Generalmente no tiene control de sus hijos, ni los intimidan, permitiendo que el niño controle su propio comportamiento. Por ejemplo, "Hijito, ¿cuándo vienes a comer?" El sacerdote Elí es un ejemplo de un padre permisivo, le decía a sus hijos, *"Cuídense mis hijos porque qué dirá la gente de ustedes."*

*"Pero Elí era muy viejo; y oía de todo lo que sus hijos hacían con todo Israel, y cómo dormían con las mujeres que velaban a la puerta del tabernáculo de reunión.
Y les dijo: ¿Por qué hacéis cosas semejantes? Porque yo oigo de todo este pueblo vuestros malos procederes. No, hijos míos, porque no es buena fama la que yo oigo; pues hacéis pecar al pueblo de Jehová."*
**1 Samuel 2:22-24**

### Tercera Manera en Que Padres Aplican Disciplina

El Padre Autorizado – Padres que establecen normas claras pero ejercen su autoridad por medio de explicaciones y calor. Por ejemplo, "Hijito, es la hora de cenar, por favor tienes cinco minutos para guardar tus juguetes." Abraham es un ejemplo que obedeció un mandato difícil de parte de Dios, y aunque le fue pedido sacrificar a su hijo Isaac, lo esforzó a su hijo en venir con él, no le presionó.

*"Y tomó Abraham la leña del holocausto, y la puso sobre Isaac su hijo,*
*y él tomó en su mano el fuego y el cuchillo; y fueron ambos juntos.*
*Entonces habló Isaac a Abraham su padre, y dijo: Padre mío. Y él respondió:*
*Heme aquí, mi hijo. Y él dijo: He aquí el fuego y la leña;*
*mas ¿dónde está el cordero para el holocausto?*
*Y respondió Abraham: Dios se proveerá de cordero para el holocausto, hijo mío.*
*E iban juntos."*
**Génesis 22:6-8**

Aunque iba a sacrificar a su único hijo de la promesa nunca permitió que lo que Dios le había pedido causara división o temor en su relación. Dice el versículo 8 *"iban juntos."* Cuando el joven le pregunta sobre el cordero para el holocausto solo le contesta lo que sabe, *"Dios proveerá"*. Como Padre de la fe iba impartiendo fe en su hijo en medio de la crisis más tremenda para confrontar en su vida como padre. Esta disciplina permisiva es una disciplina donde se expresa el amor. Es una disciplina triple que llega al espíritu, alma y cuerpo de nuestros hijos.

*"Porque Jehová al que ama castiga; como el padre al hijo a quien quiere."*
**Proverbios 3:3**

*"Y vosotros, padres, no provoquéis a ira a vuestros hijos,*
*sino criadlos en disciplina y amonestación del Señor."*
**Efesios 6:4**

### ESPÍRITU – VARA DE LA CORRECCIÓN

Yo llamo esta vara la que infunde aliento, es cuando usas la Palabra que llega al corazón del niño y produce en él convicciones.

*"La vara y la corrección dan sabiduría;*
*mas el muchacho consentido avergonzará a su madre."*
**Proverbios 29:15**

### ALMA – LA VARA DEL CASTIGO

Esta es la vara donde le quitas privilegios por un corto tiempo para que aprenda ha apreciar su libertad. Esta vara le ayuda a formar su carácter con una mente sana y disciplinada.

*"Castiga a tu hijo en tanto que hay esperanza;*
*mas no se apresure tu alma para destruirlo."*
**Proverbios 19:18**

### CUERPO – LA VARA CORPORAL

Esta es la vara que duele porque las usas para corregir. Necesitas usarla con mucha sabiduría y cuidado para que no lo lastimes su corazón y debe ser aplicada con amor y sin ira.

*"No rehúses corregir al muchacho; porque si lo castigas con vara, no morirá. Lo castigarás con vara, y librarás su alma del Seol."*
**Proverbios 23:13-14**

Creo que uno de los mejores ejemplos en la Biblia de la relación de padre e hijo fue el Rey David con su hijo Salomón. David le da instrucción a su hijo Salomón.

*"Llegaron los días en que David había de morir, y ordenó a Salomón su hijo, diciendo: Yo sigo el camino de todos en la tierra; esfuérzate, y sé hombre. Guarda los preceptos de Jehová tu Dios, andando en sus caminos, y observando sus estatutos y mandamientos, sus decretos y sus testimonios, de la manera que está escrito en la ley de Moisés, para que prosperes en todo lo que hagas y en todo aquello que emprendas;*

*para que confirme Jehová la palabra que me habló, diciendo: Si tus hijos guardaren mi camino, andando delante de mí con verdad, de todo su corazón y de toda su alma, jamás, dice, faltará a ti varón en el trono de Israel…Tú, pues, harás conforme a tu sabiduría…pues hombre sabio eres…Y se sentó Salomón en el trono de David su padre, y su reino fue firme en gran manera."*
**1 Reyes 2:1-4, 6, 9, 12**

*"Y tú, Salomón, hijo mío, reconoce al Dios de tu padre, y sírvele con corazón perfecto y con ánimo voluntario; porque Jehová escudriña los corazones de todos, y entiende todo intento de los pensamientos. Si tú le buscares, lo hallarás; mas si lo dejares, él te desechará para siempre. Mira, pues, ahora, que Jehová te ha elegido para que edifiques casa para el santuario; esfuérzate, y hazla. Y David dio a Salomón su hijo el plano del pórtico del templo y sus casas, sus tesorerías, sus aposentos, sus cámaras y la casa del propiciatorio. Asimismo el plano de todas las cosas que tenía en mente para los atrios de la casa de Jehová, para todas las cámaras alrededor, para las tesorerías de la casa de Dios, y para las tesorerías de las cosas santificadas. Dijo además David a Salomón su hijo: Anímate y esfuérzate, y manos a la obra; no temas, ni desmayes, porque Jehová Dios, mi Dios, estará contigo; él no te dejará ni te desamparará, hasta que acabes toda la obra para el servicio de la casa de Jehová."*
**1 Crónicas 28:9-12, 20**

Los consejos del Rey David a su hijo Salomón fueron tan Bíblicos que cuando llegó el momento del Rey Salomón pedir lo que quisiera, pidió sabiduría. Que hermoso será cuando Dios nos llame a su presencia y nuestros hijos puedan admirar la obra que dejamos como legado para ellos. Mis padres lo hicieron conmigo y yo deseo hacerlo con mis hijos.

*"Salomón dijo a Dios: Tú has tenido con David mi padre gran misericordia, y a mí me has puesto por rey en lugar suyo. Confírmese pues, ahora, oh Jehová Dios, tu palabra dada a David mi padre; porque tú me has puesto por rey sobre un pueblo numeroso como el polvo de la tierra. Dame ahora sabiduría y ciencia, para presentarme delante de este pueblo; porque ¿quién podrá gobernar a este tu pueblo tan grande?*
**2 Crónicas 1:8-10**

## CAPÍTULO 20
# Una Mujer que Supo Compartir
### SU ÚLTIMA CENA

En 1 de Reyes 17 vemos a una viuda donde el enfoque es más en lo que ella hizo antes de lo que ella era. Vivía Sarepta y tenía un hijo. Poseía solamente un puñado de harina y una pequeña vasija de aceite para preparar su última cena para ella y su hijo y luego morir. Dios usa al Profeta Elías para su provisión donde va a pedirle agua y luego pan de su mano. Esta mujer le habla su condición.

*"Y ella respondió: Vive Jehová tu Dios, que no tengo pan cocido; solamente un puñado de harina tengo en la tinaja, y un poco de aceite en una vasija; y ahora recogía dos leños, para entrar y prepararlo para mí y para mi hijo, para que lo comamos, y nos dejemos morir. No tengas temor; ve, haz como has dicho; pero hazme a mí primero de ello una pequeña torta cocida debajo de la ceniza, y tráemela; y después harás para ti y para tu hijo. Porque Jehová Dios de Israel ha dicho así: La harina de la tinaja no escaseará, ni el aceite de la vasija disminuirá,*
*hasta el día en que Jehová haga llover sobre la faz de la tierra."*
**1 Reyes 17:12-14**

Una de las cosas que le roba a las familias de hoy la provisión abundante de Dios, es el temor. Temor es fe en reversa y necesitamos profetas como Elías que nos confronten con el temor pidiéndonos lo último que nos queda en el banco o en la cartera para aprender a creerle a Dios. La obediencia de esta viuda a la palabra profética fue lo que trajo el alimento para ella y su casa hasta que se terminó la escasez.

*"Entonces ella fue e hizo como le dijo Elías; y comió él, y ella, y su casa, muchos días. Y la harina de la tinaja no escaseó, ni el aceite de la vasija menguó, conforme a la palabra que Jehová había dicho por Elías."*
**1 Reyes 17:15-16**

Uno nunca sabe cuando va a recibir de la semilla una cosecha. Pero vemos que después de un tiempo, el hijo de la viuda muere pero como ella había sembrado una semilla en el profeta, ella conocía a donde ir.

*"Después de estas cosas aconteció que cayó enfermo el hijo del ama de la casa; y la enfermedad fue tan grave que no quedó en él aliento."* **1 Reyes 17:17**

Cuando muere el hijo de esta mujer, ella le reclama a Elías y él ruega a Dios por la vida del niño y el hijo revive. Aún los hechos de esta viuda fueron alabados por Jesús.

*"Y en verdad os digo que muchas viudas había en Israel en los días de Elías, cuando el cielo fue cerrado por tres años y seis meses, y hubo una gran hambre en toda la tierra; pero a ninguna de ellas fue enviado Elías, sino a una mujer viuda en Serepta de Sidon."*
**Lucas 4:25-26**

Hoy te repito a ti las palabras de Jesús del Sermón del Monte.

*"No os afanéis, pues, diciendo: ¿Qué comeremos, o qué beberemos, o qué vestiremos? Porque los gentiles buscan todas estas cosas; pero vuestro Padre celestial sabe que tenéis necesidad de todas estas cosas. Mas buscad primeramente el reino de Dios y su justicia, y todas estas cosas os serán añadidas."*
**Mateo 6:31-33**

Si has sembrado buenas semillas, tarde o temprano germinan. Y si parece que tu fruto ha muerto, solamente regresa al lugar de la semilla y en humildad pide sin temor. Dios obrará a tu favor si le crees y si has sembrado ese buen depósito en fe. No sé si has sembrado tiempo, finanzas, salud o bienes pero si has sembrado en buena tierra, todo lo que siembres segarás. Así que, no te afanes, no temas, no tengas ansiedad de cómo vas a llegar a la meta, solamente mantén tus ojos fijos en Jesús, en *El Roi* - El Dios que te ve, y ten por seguro que ciertamente recibirás la cosecha de lo que has sembrado.

# CAPÍTULO 21
## Dos Hermanas
### EXHIBEN SU BELLEZA A JESÚS

Desde mi niñez he escuchado el mensaje de Marta y María, donde se le da honor a María mientras a Marta es rechazada por cocinarle a Jesús y quejarse. Yo aprendí a través de los años a identificarme con las dos y mientras he escudriñado las Escrituras encontré el gran valor de Marta y de María. Primero veamos a María como la adoradora que se sienta a los pies del maestro. Los hechos de María son importantes, tan importante son, que los cuatro evangelios hablan de ella. (Mateo 26:6-13; Marcos 14:3-9; Lucas 7:36-50; Juan 12:1-8)

*"Y estando Jesús en Betania, en casa de Simón el leproso, vino a él una mujer, con un vaso de alabastro de perfume de gran precio, y lo derramó sobre la cabeza de él, estando sentado a la mesa. Al ver esto, los discípulos se enojaron, diciendo: ¿Para qué este desperdicio? Porque esto podía haberse vendido a gran precio, y haberse dado a los pobres. Y entendiéndolo Jesús, les dijo: ¿Por qué molestáis a esta mujer? pues ha hecho conmigo una buena obra. Porque siempre tendréis pobres con vosotros, pero a mí no siempre me tendréis. Porque al derramar este perfume sobre mi cuerpo, lo ha hecho a fin de prepararme para la sepultura. De cierto os digo que dondequiera que se predique este evangelio, en todo el mundo,*
*también se contará lo que ésta ha hecho, para memoria de ella."*
**Mateo 26:6-13**

| Marta Representa Servicio | Lázaro Representa Comunión | María Representa Adoración Con Un Corazón Agradecido |
|---|---|---|

María no decía nada y solamente se sentó a Sus pies a escuchar a Jesús. En la tumba solamente llora y cuando habla es cuando repite lo que dijo Marta,

*"María, cuando llegó a donde estaba Jesús, al verle, se postró a sus pies, diciéndole: Señor, si hubieses estado aquí, no habría muerto mi hermano."*
**Juan 11:32**

María es la mujer que sobresale en el Nuevo Testamento con la ofrenda del perfume del vaso de alabastro que había guardado por mucho tiempo. Lo que ella no sabia era que lo había guardado para el día de la sepultura del maestro.

Hay cosas que tú guardas pero solo Dios conoce el tiempo y para qué lo vas hacer. *"Entonces Jesús dijo: Déjala; para el día de mi sepultura ha guardado esto."* **Juan 12:7** El costo de aquel perfume era más de 300 denarios lo cual era el salario de un año. Ella lo unge de la cabeza a los pies, *"Lo derramó sobre la cabeza de él, estando él sentado a la mesa."* **Mateo 26:7**

Lucas la Describe Como Una Mujer Pecadora
*"Entonces una mujer de la ciudad, que era pecadora, al saber que Jesús estaba a la mesa en casa del fariseo, trajo un frasco de alabastro con perfume."*
**Lucas 7:37**

Cuando llega a la casa, *va hacia Jesús a regar con lágrimas sus pies y besaba sus pies,* ungiéndolos con aquel perfume tan costoso y los enjugaba con su cabello. La fragancia de aquel perfume llenó la casa, pero yo también creo que su acto de adoración, también llenó el cielo con la aroma de su entrega. María había conocido a Jesús sentada a sus pies, lo conoce como Profeta. Cuando llega la muerte de su hermano, conoce a Jesús como el la Resurrección y la vida. Y cuando le unge, lo conoce como EL REY que tiene las llaves del infierno y de la muerte. Por su acto de adoración fue criticada por Judas cual calculó cuánto costaba aquel perfume. Pensó en los pobres hipócritamente, las personas que conocen a Jesús nunca van a criticar tu entrega a él. Jesús la defiende, *"Pero Jesús dijo: Dejadla; ¿por qué la molestáis? Buena obra me ha hecho."* El amor y servicio de María ha sido y será memorable por toda la eternidad porque fue Jesús quien la reconoció.

*"De cierto os digo que dondequiera que se predique este evangelio, en todo el mundo, también se contará lo que esta ha hecho, para memoria de ella."*
**Marcos 14:9**

Todos los días, María estaba consciente de la Presencia de Su Señor. Recuerda que el costo de aquel perfume era de un total de un año de salario. Creo que todos los días que trabajaba, solamente meditaba en aquel perfume que iba a comprar. Cuando nosotros vivimos día a día conscientes de Su Presencia, el resultado será el aroma del perfume de alabastro que llenará la casa donde estemos, sea tu hogar, la iglesia o donde vayas.

Marta parece que llevaba la mayor responsabilidad doméstica de la casa donde compartía con su hermano Lázaro y su hermana María. Se ve que era una casa de reuniones ya que donde iba Jesús siempre había una multitud que le seguía. Quien sabe si el día que Jesús llegó a su casa habían tenido fiesta la noche anterior y se sentía un poco cansada.

*"Aconteció que yendo de camino, entró en una aldea; y una mujer llamada Marta le recibió en su casa. Esta tenía una hermana que se llamaba María, la cual, sentándose a los pies de Jesús, oía su palabra. Pero Marta se preocupaba con muchos quehaceres, y acercándose, dijo: Señor, ¿no te da cuidado que mi hermana me deje servir sola? Dile, pues, que me ayude."*
**Lucas 10:38-40**

La preocupación te distrae y no te permite ha enfocar en la meta o propósito de lo que estas haciendo. Causa tensión y presión. Marta se encontraba cargada y agobiada. Ella estaba turbada y quien sabe si en alguna forma se sentía limitada y desorganizada. La persona que se siente agobiada exagera todo y se ven como víctimas de todo y su oración es de quejas como fueron los comentarios de Marta. A veces se creen que son las únicas que están haciendo todo y quieren que todos los demás sean como ellas. Cuando Jesús llama a Marta la llama dos veces. A Lázaro, su hermano, cuando estaba muerto lo llamó una sola vez. Cuando Jesús llamó a Lázaro de la tumba sólo tuvo que hablarle a su espíritu porque su alma y cuerpo estaban dormidos. A Marta la llama dos veces porque su alma y espíritu estaban desconectadas. Esta cena le había causado ansiedad a Marta.

¡Jesús te vino a visitar, él esta en tu casa Marta! Porque estas tan agitada y preocupado y llena de estrés. Cuando estas turbada le pones presión de turbación a los tuyos y creas un ambiente pesado. Cuando estas turbada comienzas ha agitar a los demás sea tu esposo o tus hijos y alejas a los mejores amigos y personas que están a tu lado para ayudarte, aprendamos a hacerle frente a la turbación como lo hizo Daniel.

*"…En cuanto a mí, Daniel, mis pensamientos me turbaron y mi rostro se demudó; pero guardé el asunto en mi corazón."*
**Daniel 7:28**

Jesús miró a Marta y le dijo:

*"Respondiendo Jesús, le dijo: Marta, Marta, afanada y turbada estás con muchas cosas. Pero sólo una cosa es necesaria; y María ha escogido la buena parte, la cual no le será quitada."*
**Lucas 10:41-42**

María había escogido hacer lo que el Salmista dijo:

*"Una cosa he demandado a Jehová, ésta buscaré; Que esté yo en la casa de Jehová* (que entres en mi presencia con todo tu espíritu, alma y cuerpo) *todos los días de mi vida, para contemplar la hermosura de Jehová, y para inquirir en su templo."*
**Salmos 27:4**

Me imagino que terminaron comiendo la cena y orando por Marta para que tuviera quietud. O quien sabe si se escondió en la habitación y María terminó sirviendo la cena. Pero me imagino a Lázaro avergonzado por las quejas de su hermana. Pasando el tiempo vemos a Marta otra vez sirviendo otra cena a sus invitados. Ya su hermano Lázaro había resucitado y muchos querían verlo.

*"Seis días antes de la pascua, vino Jesús a Betania, donde estaba Lázaro, el que había estado muerto, y a quien había resucitado de los muertos. Y le hicieron allí una cena; Marta servía, y Lázaro era uno de los que estaban sentados a la mesa con él."*
**Juan 12:1-2**

Vemos a las dos mujeres sirviendo en diferentes maneras, María en adoración y Marta ejerciendo su don sirviéndole a Jesús y a sus seguidores, pero con una actitud de gratitud sin queja, ni murmuración. En esta segunda cena María llena la casa del perfume de alabastro mientras su hermana sirve con gozo. Una ministraba preparando el cuerpo de Jesús para la sepultara, mientras que Marta preparaba el alimento para su cuerpo físico. El olor del perfume de María llenó la casa, pero Martha no se quejo ni una vez. Creo que en esta cena habían bastantes invitados porque venían a ver a Lázaro después de su resurrección. Pero el gozo de Marta llenó la casa de su servicio de amor y cuidado por Jesús y los que estaban en la mesa.

## CAPÍTULO 22
### Yo y Mi Casa

Todos sabemos que una casa es un lugar donde se habita, sea una persona o familias. También la palabra, casa, tiene diferentes aplicaciones. Ésta la casa como edificio donde vivimos, construida con materiales, tales como ladrillo, madera, cemento, u aluminio. En la Biblia, *casa* se puede relacionar a descendencia, edificio, familia, habitación, morada, simiente o templo. También existen las casas cuya importancia es su titulo tales como: la Casa Blanca, la Casa del Gobernador o del Presidente, la Casa del Rey o la Reina son Palacios. Ésta la casa, tu hogar, la casa de Dios - la Iglesia y está la casa donde habita el Espíritu Santo, tu corazón y de esta casa es la que me quiero enfocar. Es la casa de mayor influencia a la familia y la que hace la atmósfera en el hogar, es la única casa que es eterna, la que te vas a llevar al cielo. Por lo tanto, es importante saber quien vive en tu casa.

*"Habitaré y andaré entre ellos, y seré su Dios, y ellos serán mi pueblo."*
**2 Corintios 6:16**

Recordando lo que dice la Biblia en Proverbios, que la mujer sabia edifica su casa es importante y necesario obtener sabiduría para edificar nuestra casa.

*"La sabiduría edificó su casa, labró sus siete columnas."*
**Proverbios 9:1**

Esas Siete Columnas Se Pueden Aplicar a los Siete Espíritus de Jehová

*"Y reposará sobre él (sobre tu casa) el Espíritu de Jehová;*
*espíritu de sabiduría y de inteligencia, espíritu de consejo y de poder,*
*espíritu de conocimiento y de temor de Jehová."*
**Isaías 11:2**

Al reposar estos siete espíritus sobre tu casa, hay cinco principios que necesitas para cuidar de tu casa y darle mantenimiento para que permanezca firme en todas las estaciones de la vida.

### El Fundamento de Tu Casa es Importante
*"Cualquiera, pues, que me oye estas palabras, y las hace,*
*le compararé a un hombre prudente, que edificó su casa sobre la roca.*
*Descendió lluvia, y vinieron ríos, y soplaron vientos,*
*y golpearon contra aquella casa; y no cayó, porque estaba fundada sobre la roca.*
*Pero cualquiera que me oye estas palabras y no las hace,*
*le compararé a un hombre insensato, que edificó su casa sobre la arena;*
*y descendió lluvia, y vinieron ríos, y soplaron vientos,*
*y dieron con ímpetu contra aquella casa; y cayó, y fue grande su ruina."*
**Mateo 7:24-27**

### Quien Mora en Tu Casa es Importante
Que en ti, vislumbre el fruto del espíritu para que habite en tu casa una relación con Dios cual es el amor, tu relación con Jesús cual es la paz y tu relación con el Espíritu Santo cual es el gozo. Que en cada habitación de tu vida tengas buena relación con tu prójimo siendo paciente, benigna y bondadosa con ellos. Y que en el centro de tu habitación haya fe, mansedumbre y templanza en medio de cualquier adversidad o circunstancia.

*"Mas el fruto del Espíritu es amor, gozo, paz, paciencia, benignidad, bondad, fe,*
*mansedumbre, templanza; contra tales cosas no hay ley."*
**Gálatas 5: 22-23**

### Es Importante Saber Cómo Se Llama Tu Casa
Que se pueda oír la voz del clamor que llega a cielo y cambia las cosas que necesitan cambiar.

*"Y les dijo: Escrito está: Mi casa, casa de oración será llamada."*
**Mateo 21:13**

*"Mas tú, cuando ores, entra en tu aposento, y cerrada la puerta, ora a tu Padre que*
*está en secreto; y tu Padre que ve en lo secreto te recompensará en público."*
**Mateo 6:6**

## Es Importante Saber lo Que Tienes en Tu Casa

Cuando la viuda fue al profeta para pedir ayuda lo único que el profeta Eliseo le pregunta fue: *¿Qué te haré yo? Declárame qué tienes en casa.* Ella tenía lo que cada casa necesita, aceite. El aceite es lo único que sirve para alumbrar tu casa cuando las tinieblas quieren venir. Cuando te visita la enfermedad, cuando vienen los conflictos en el matrimonio, cuando las finanzas se derrumban, cuando hay mentira, engaño, confusión de identidad, inmoralidad, rebeldía o dudas, el aceite es la unción que necesitas para romper esos yugos. Es importante tener buena relación con los que te rodean para que cuando llegue el momento que necesites ayuda, tengas a donde ir.

*"Una mujer, de las mujeres de los hijos de los profetas, clamó a Eliseo, diciendo: Tu siervo mi marido ha muerto; y tú sabes que tu siervo era temeroso de Jehová; y ha venido el acreedor para tomarse dos hijos míos por siervos. Y Eliseo le dijo: ¿Qué te haré yo? Declárame qué tienes en casa. Y ella dijo: Tu sierva ninguna cosa tiene en casa, sino una vasija de aceite. El le dijo: Ve y pide para ti vasijas prestadas de todos tus vecinos. Entra luego, y enciérrate tú y tus hijos; (oración) y echa en todas las vasijas, y cuando una esté llena, ponla* **aparte***. Y se fue la mujer, y cerró la puerta encerrándose ella y sus hijos; y ellos le traían las vasijas, y ella echaba del aceite. Cuando las vasijas estuvieron llenas, dijo a un hijo suyo: Tráeme aún otras vasijas. Y él dijo: No hay más vasijas. Entonces cesó el aceite. Vino ella luego, y lo contó al varón de Dios, el cual dijo: Ve y vende el aceite, y paga a tus acreedores; y tú y tus hijos vivid de lo que quede."*
**2 Reyes 4:1-7**

*"Y no contristéis al Espíritu Santo de Dios,
con el cual fuisteis sellados para el día de la redención.
Quítense de vosotros toda amargura, enojo, ira, gritería y maledicencia, y toda malicia.
Antes sed benignos unos con otros, misericordiosos, perdonándoos unos a otros,
como Dios también os perdonó a vosotros en Cristo."*
**Efesios 4:30-32**

## La Fragancia de Tu Casa es Importante

A la medida que tu sirvas, así será la fragancia de tu casa. El ambiente del hogar depende mucho de nuestra actitud hacia las cosas que hacemos. Como esposa y madre tenemos muchas responsabilidades y no todas las mujeres tienen la bendición de tener un esposo que comparte las responsabilidades domésticas del hogar. Si tomas una actitud de queja, tu hogar tendrá una atmósfera pesada, que se puede relacionar con la fragancia. Pero si haces todo para la gloria de Dios, con una actitud de sierva, la atmósfera de tu hogar será de una fragancia dulce y refrescante donde aun los amiguitos de tus hijos van a querer estar ahí.

> *"Entonces María tomó una libra de perfume de nardo puro,*
> *de mucho precio, y ungió los pies de Jesús,*
> *y los enjugó con sus cabellos;*
> *y la casa se llenó del olor del perfume."*
> **Juan 12: 3**

Hoy el Espíritu Santo te dice, "Mujer, pon tu casa en orden." Note, una mujer sabia es una bendición a la familia. Por su fruto la familia se multiplica y sus hijos florecen y la casa es edificada. Una mujer sabia es piadosa, trabajadora y considerada. Todos los asuntos de su casa son prosperados. Ella cuida de sus hijos como si fueran de ella solamente, aunque su esposo este a su lado.

# CAPÍTULO 23
## Mujeres de Impacto

La palabra *impacto* significa un choque fuerte contra algo que causa cambio, algo que causa efecto, influencia, la fuerza de una nueva idea. Así que una mujer de impacto es una mujer de influencia, es escudo para su familia, causa cambios positivos en su hogar, causa efecto en su lugar de empleo, afecta a su familia de manera positiva, en su Iglesia es un ejemplo a otras, y es una mujer que se multiplica en otros. Una mujer de impacto es una mujer de carácter. Cuando somos controladas por el Espíritu Santo, nuestro carácter lleva el fruto del Espíritu Santo y se manifiesta en nueve áreas de nuestra vida.

*"Mas el fruto del Espíritu es amor, gozo, paz, paciencia, benignidad, bondad, fe, mansedumbre, templanza; contra tales cosas no hay ley."*
**Gálatas 5:22-23**

Rut la moabita supo amar a su suegra, Noemí aunque estuviera llena de amargura.

*"Respondió Rut: No me ruegues que te deje, y me aparte de ti; porque a dondequiera que tú fueres, iré yo, y dondequiera que vivieres, viviré.
Tu pueblo será mi pueblo, y tu Dios mi Dios.
Donde tú murieres, moriré yo, y allí seré sepultada; así me haga Jehová, y aun me añada, que sólo la muerte hará separación entre nosotras dos."*
**Rut 1:16-17**

Abigail fue portadora de Paz para su esposo Nabal.

*"Y ahora este presente que tu sierva ha traído a mi señor,
sea dado a los hombres que siguen a mi señor.
Y yo te ruego que perdones a tu sierva esta ofensa;
pues Jehová de cierto hará casa estable a mi señor,
por cuanto mi señor pelea las batallas de Jehová,
y mal no se ha hallado en ti en tus días."*
**1 Samuel 25:27-28**

Sara se ríe a los 90 años de edad de la promesa de Dios, ella ya había perdido la costumbre de las mujeres.

*"Se rió, pues, Sara entre sí, diciendo: ¿Después que he envejecido tendré deleite, siendo también mi señor ya viejo?"*
**Génesis 18:12**

La ofrenda de la viuda es un ejemplo de bondad.

*"Entonces llamando a sus discípulos, les dijo: De cierto os digo que esta viuda pobre echó más que todos los que han echado en el arca."*
**Marcos 12:41-43**

Elisabeth la madre de Juan el bautista demostró benignidad cuando recibió a María en su casa.

*"Y se quedo María con ella como tres meses; después se volvió a su casa."*
**Lucas 1:56**

La mujer de Canaán tuvo una fe grande para la sanidad de su hija.

*"¡Mujer, qué grande es tu fe! —contestó Jesús—Que se cumpla lo que quieres."*
**Mateo 15:28**

La Mujer Cananea demuestra mansedumbre.

*"Respondiendo él, dijo: No está bien tomar el pan de los hijos, y echarlo a los perrillos. Y ella dijo: Sí, Señor; pero aun los perrillos comen de las migajas que caen de la mesa de sus amos."*
**Mateo 15:26-27**

La Sunamita demostró templanza o dominio propio, aun cuando su hijo se encontraba muerto en la cama y ella le responde a su esposo "Paz."

*El dijo: ¿Para qué vas a verle hoy? No es nueva luna, ni día de reposo. Y ella respondió: Paz.*
**2 Reyes 4:23**

La Reina Ester demostró paciencia cuando supo esperar, ayunar, orar y vestirse de cilicio antes de tomar el asiento de reina junto al rey. Ella impactó al Rey desde su primera llegada entre las doncellas. Ester reconocía quien la había elegido por reina y pacientemente esperaba en Dios. La paciencia le ayudó a poder reconocer el tiempo correcto de visitar al Rey.

*"Y la doncella agradó a sus ojos, y halló gracia delante de él, por lo que hizo darle prontamente atavíos y alimentos, y le dio también siete doncellas especiales de la casa del rey; y la llevó con sus doncellas a lo mejor de la casa de las mujeres...*
*Y el rey Asuero amó a Ester más que a todas las otras mujeres, y halló ella gracia y benevolencia delante de él más que todas las demás vírgenes; y puso la corona real en su cabeza, y la hizo reina en lugar de Vasti."*
**Ester 2:9, 17**

*"Porque si callas absolutamente en este tiempo, respiro y liberación vendrá de alguna otra parte para los judíos; mas tú y la casa de tu padre pereceréis.*
*¿Y quién sabe si para esta hora has llegado al reino?*
*Y Ester dijo que respondiesen a Mardoqueo:*
*Ve y reúne a todos los judíos que se hallan en Susa, y ayunad por mí, y no comáis ni bebáis en tres días, noche y día; yo también con mis doncellas ayunaré igualmente, y entonces entraré a ver al rey,*
*aunque no sea conforme a la ley; y si perezco, que perezca."*
**Ester 4:14-16**

*"Aconteció que al tercer día se vistió Ester su vestido real,*
*y entró en el patio interior de la casa del rey, enfrente del aposento del rey;*
*y estaba el rey sentado en su trono en el aposento real,*
*enfrente de la puerta del aposento.*
*Y cuando vio a la reina Ester que estaba en el patio,*
*ella obtuvo gracia ante sus ojos; y el rey extendió a Ester el cetro de oro que tenía en la mano. Entonces vino Ester y tocó la punta del cetro.*
*Dijo el rey: ¿Qué tienes, reina Ester, y cuál es tu petición?*
*Hasta la mitad del reino se te dará."*
**Ester 5:1-3**

Una mujer de impacto siempre llevará presencia con ella y hallará favor con su Rey. La mujer de impacto siempre tendrá audiencia en el cielo y en la tierra. Es respetada y honrado por sus hechos.

# CAPÍTULO 24
## Desarrollando Valores
### EN TUS HIJOS

Nuestros hijos son la herencia más hermosa que Dios nos ha dado sobre la faz de la tierra. Ellos necesitan nuestra guíanza sabia para poder ser poderosos sobre la tierra. **Proverbios 22:6** nos da el secreto de la recompensa de instruirlos en el camino correcto y que aun cuando fueren viejo no se apartara de él.

## AYÚDALES A DESARROLLAR SU FE
*"La fe viene por el oír, y el oír la palabra de Dios."*
**Romanos 10:17**

Es importante aplicarnos las instrucciones que Moisés le doy al pueblo de Israel pare la crianza de los hijos. Mi amado y yo lo practicamos con nuestros hijos. Todos los días cuando llevamos a nuestros niños a la escuela íbamos memorizando Escritura.

*"Y amarás a Jehová tú Dios de todo tu corazón, y de toda tu alma, y con todas tus fuerzas. Y estas palabras que yo te mando hoy, estarán sobre tu corazón; y las repetirás a tus hijos, y hablarás de ellas estando en tu casa, y andando por el camino, y al acostarte, y cuando te levantes. Y las atarás como una señal en tu mano, y estarán como frontales entre tus ojos; y las escribirás en los postes de tu casa, y en tus puertas."*
**Deuteronomio 6:5-9**

## ENSÉÑALES EL PODER DE SUS PALABRAS

Mis hijos siempre han estado conscientes de sus palabras y esto lo aprendieron de nosotros sus padres. Especialmente nuestro hijo varón, nunca permitió que nadie le hablara palabras negativas y al que lo hacía él cancelaba las palabras diciendo, "Yo ato esas palabras en el nombre de Jesús." Aprendieron la importancia de confesar la palabra sobre su cuerpo para sanidad. En la escuela todas las mañanas repetían "Yo tengo la mente de Cristo." Siempre han sido brillantes y en sus calificaciones han salido superiores sobre sus compañeros de clase.

*"La muerte y la vida están en poder de la lengua, y el que la ama comerá de sus frutos."*
**Proverbios 18:21**

*"Si alguno habla, hable conforme a las palabras de Dios; si alguno ministra, ministre conforme al poder que Dios da, para que en todo sea Dios glorificado por Jesucristo, a quien pertenecen la gloria y el imperio por los siglos de los siglos. Amén."*
**1 Pedro 1:21**

### ENSÉÑALES A VALORIZAR LA ALABANZA

Los niños que se crían en la Iglesia aprenden a desarrollar su oído a la música. Crecen siendo adoradores desde pequeños. Hoy día padres que no practican en llevar sus hijos a la Iglesia pagan para que le enseñe a cantar. Llena tu casa de alabanza y tus hijos se convertirán en adoradores. Por eso es tan importante traerlos a la iglesia y que participen en la adoración.

*"Y le dijeron: ¿Oyes lo que éstos dicen? Y Jesús les dijo: Sí; ¿nunca leísteis: De la boca de los niños y de los que maman Perfeccionaste la alabanza?"*
**Mateo 21:16**

*"Pero tú eres santo, Tú que habitas entre las alabanzas de Israel."*
**Salmo 22:3**

### ENSÉÑALES EL PODER DE LA ORACIÓN

Los niños tienen una fe simple donde mueven el corazón de Dios. Si practicas el orar con ellos y por ellos, ellos aprenderán a orar por otros y con otros.

*"Y llamando Jesús a un niño, lo puso en medio de ellos, y dijo: De cierto os digo, que si no os volvéis y os hacéis como niños, no entraréis en el reino de los cielos. Así que, cualquiera que se humille como este niño, ése es el mayor en el reino de los cielos. Y cualquiera que reciba en mi nombre a un niño como este, a mí me recibe."*
**Mateo 18:2-5**

*"Viéndolo Jesús, se indignó, y les dijo: Dejad a los niños venir a mí, y no se lo impidáis; porque de los tales es el reino de Dios."*
**Mateo 10:14**

## ENSÉÑALES A DESAROLLAR CONFIANZA EN SUS PROPIAS HABILIDADES

Como padres nos damos cuenta de sus habilidades cuando van creciendo. A veces son talentos en la música, si siempre están cantando y si son músicos y siempre están dándole el ritmo con sus manitas a la música. Si van a ser doctores quizás les gusta jugar con todo lo que tiene que ver con instrumentos médicos. Fíjate bien en sus destrezas y habla la Palabra sobre ellos para que crezca en ellos la confianza en lo que han de alcanzar en la vida. Yo siempre confesé que mi hija mayor iba a ser una abogada. Cuando estudiaba la Palabra aprendí que un intérprete de la ley en la Biblia era un abogado de la ley. Nuestra primogénita, la Pastora Lynette Santiago el que la conoce sabe muy bien que es una interprete de la ley.

*"Te pondrá Jehová por cabeza, y no por cola; y estarás encima solamente, y no estarás debajo, si obedecieres los mandamientos de Jehová tu Dios, que yo te ordeno hoy, para que los guardes y cumplas."*
**Deuteronomio 28:13**

En las noches impárteles paz cuando tienen sueños malos y no pueden dormir. Ayúdales a memorizar esta Escritura para que su sueño sea grato.

*"En paz me acostaré, y asimismo dormiré; porque solo tú, Jehová, me haces vivir confiado."*
**Salmo 4:8**

## ENSÉÑALES A RESPETAR A SUS SUPERIORES

El respeto comienza cuando el niño aprende a honrar a sus padres. Siempre he dicho que el hijo que no respeta al padre que ve, como va a respetar a Dios que no le ve.

*"Honra a tu padre y a tu madre, que es el primer mandamiento con promesa; para que te vaya bien, y seas de larga vida sobre la tierra."*
**Efesios 6:2-3**

### ENSÉÑALES EL VALOR DEL DINERO

Desde una edad temprana, enséñales a llevar el diezmo de todo a la casa de Dios. Le puedes dar tareas en el hogar donde le puedas recompensar con dinero para que le puedas enseñar hacer su propio presupuesto. He aplicado un principio con mis nietos y es el de tener tres bolsitas, una es para el 20% para dar, 20% para gastos, y 60% para guardar para sus estudios universitarios o su automóvil. Uno de mis nietos ya guardó lo suficiente y abrió su cuenta de banco y solo tiene siete años. Con el 20% ellos aprenden a darle a la obra de Dios. También les puedes enseñar a dar de su ropa para misiones, yo le impartí ese sentir a mis hijos y desde pequeñitos y éste sentir ha sido de bendición para ellos.

*"Sino acuérdate de Jehová tu Dios, porque él te da el poder para hacer las riquezas, a fin de confirmar su pacto que juró a tus padres, como en este día."*
**Deuteronomio 8:18**
*"La dádiva del hombre le ensancha el camino y le lleva delante de los grandes."*
**Proverbios 18:16**

### ENSÉÑALES EL VALOR DEL SERVICIO

A veces nos sentimos como la madre de los hijos de Zebedeo, mujer sin nombre, la Biblia no da su nombre pero ella fue con una petición a Jesús.

*"Entonces se le acercó la madre de los hijos de Zebedeo con sus hijos, postrándose ante él y pidiéndole algo.
El le dijo: ¿Qué quieres? Ella le dijo: Ordena que en tu reino se sienten estos dos hijos míos, el uno a tu derecha, y el otro a tu izquierda."*
**Mateo 20:20**

Yo aprendí que para que mis hijos sean grande en el cielo necesitan aprender a servir. Fue algo que se practicó en la familia lo cual ya es parte de su carácter.

*Mas entre vosotros no será así, sino que el que quiera hacerse grande entre vosotros será vuestro servidor.*
**Mateo 20:26**

### ENSÉÑALES A OIR Y OBEDECER

Tenemos una gran responsabilidad como padres para que el potencial de nuestros hijos se desarrolle a una temprana edad. Aprendamos de Ana en como hizo voto a Dios pidiendo un hijo cuando sabiendo que era imposible tener hijos, por su esterilidad. Ana hizo voto a Dios, *"Y se levantó Ana después que hubo comido y bebido en Silo; y mientras el sacerdote Elí estaba sentado en una silla junto a un pilar del templo de Jehová, ella con amargura de alma oró a Jehová, y lloró abundantemente. E hizo voto, diciendo: Jehová de los ejércitos, si te dignares mirar a la aflicción de tu sierva, y te acordares de mí, y no te olvidares de tu sierva, sino que dieres a tu sierva un hijo varón, yo lo dedicaré a Jehová todos los días de su vida, y no pasará navaja sobre su cabeza."* **1 Samuel 1:9-11** Ella no se intimidó ni juzgó la condición de Elí, el sacerdote, ya que su oración fue una del corazón. En esa oración ella aplicó la fe que ve las cosas que no son como si fuesen. Cuando ella se levanto de orar, ella tenía la certeza de su petición contestada.

*"Mientras ella oraba largamente delante de Jehová,*
*Elí estaba observando la boca de ella.*
*Pero Ana hablaba en su corazón, y solamente se movían sus labios,*
*y su voz no se oía; y Elí la tuvo por ebria.*
*Entonces le dijo Elí: ¿Hasta cuándo estarás ebria? Digiere tu vino.*
*Y Ana le respondió diciendo: No, señor mío; yo soy una mujer atribulada de espíritu;*
*no he bebido vino ni sidra, sino que he derramado mi alma delante de Jehová.*
*No tengas a tu sierva por una mujer impía; porque por la magnitud de mis congojas*
*y de mi aflicción he hablado hasta ahora.*
*Elí respondió y dijo: Ve en paz, y el Dios de Israel te otorgue la petición que le has hecho. Y ella dijo: Halle tu sierva gracia delante de tus ojos.*
*Y se fue la mujer por su camino, y comió, y no estuvo más triste."*
**1 Samuel 1:12-18**

Ella no permitió que la depresión volviera a ella. Comenzó a comer y a vivir la vida como si ya estuviese embarazada. Aprendamos a orar como Ana en los momentos difíciles de la vida.

*"Aconteció que al cumplirse el tiempo, después de haber concebido Ana, dio a luz un hijo, y le puso por nombre Samuel, diciendo: Por cuanto lo pedí a Jehová."*
**1 Samuel 1:20**

Ella había hecho voto con Dios de dedicar el niño y dejarlo en el templo para que le sirviera a Dios.

*"Después que lo hubo destetado, lo llevó consigo, con tres becerros, un efa de harina, y una vasija de vino, y lo trajo a la casa de Jehová en Silo; y el niño era pequeño.
Y matando el becerro, trajeron el niño a Elí.
Y ella dijo: ¡Oh, señor mío! Vive tu alma, señor mío, yo soy aquella mujer que estuvo aquí junto a ti orando a Jehová. Por este niño oraba, y Jehová me dio lo que le pedí.
Yo, pues, lo dedico también a Jehová; todos los días que viva,
será de Jehová. Y adoró allí a Jehová."*
**1 Samuel 1:24-28**

Si leemos el próximo capitulo de 1 Samuel 2 nos damos cuenta que los hijos de Eli eran corruptos. Ahora este era el habiente donde Ana había dejado a su hijo. Pero ella no temió a lo que le rodeaba a su hijo porque ella sabia con quien y a quien ella le había entregado a su hijo. En el tiempo de la adolescencia, mis hijos hubieron muchos ríos que el enemigo trajo a la vida de ellos pero siempre declare la bandera del Espíritu de Dios sobre de ellos. Uno de los versos que declare fue, *"Y temerán desde el occidente el nombre de Jehová, y desde el nacimiento del sol su gloria; porque vendrá el enemigo como río, mas el Espíritu de Jehová levantará bandera contra él."* **Isaías 59:19**

*"Los hijos de Elí eran hombres impíos, y no tenían conocimiento de Jehová.
Era, pues, muy grande delante de Jehová el pecado de los jóvenes;
porque los hombres menospreciaban las ofrendas de Jehová."*
**1 SAMUEL 2:12, 17**

Ana siempre se aseguró de que su hijo tuviera una túnica hecha por las manos de ella todos los años.

*"Y el joven Samuel ministraba en la presencia de Jehová, vestido de un efod de lino.
Y le hacía su madre una túnica pequeña (iba debajo del efod de lino) y se la traía cada año, cuando subía con su marido para ofrecer el sacrificio acostumbrado."*
**1 SAMUEL 2:18-19**

Cada año hay que aprender en como vestir a nuestros hijos con la armadura de Dios. La disciplina, el amor, el cuidado, y el entrenamiento. Me asombra la vestimenta de Samuel ya que vistió como un sacerdote de la casa de Dios desde su niñez. El efod era como un delantal o pequeña falda que usaban los sacerdotes, cual usaban aquellos hombres que se dedicaban a buscar una palabra de Dios como los sacerdotes. Era una vestimenta usada por los sacerdotes. El efod era asociado con la Presencia de Dios. También se asociaba con aquellas personas que tenían una relación especial con Dios. Proyectaba un sentido de guianza divina. Fue el diseño de vestimenta que Dios dio para los sacerdotes que ministraban en el templo - Lo puedes ver en Aunque Samuel esta rodeado por los hijos de Eli, que no respetaba el consejo del su padre, Samuel tenia un sumo respeto a la casa de Dios y al Sacerdote.

*"El joven Samuel ministraba a Jehová en presencia de Elí; y la palabra de Jehová escaseaba en aquellos días; no había visión con frecuencia.*
*Y aconteció un día, que estando Elí acostado en su aposento, cuando sus ojos comenzaban a oscurecerse de modo que no podía ver,*
*Samuel estaba durmiendo en el templo de Jehová, donde estaba el arca de Dios; y antes que la lámpara de Dios fuese apagada, Jehová llamó a Samuel; y él respondió: Heme aquí. Y corriendo luego a Elí, dijo: Heme aquí; ¿para qué me llamaste? Y Elí le dijo: Yo no he llamado; vuelve y acuéstate. Y él se volvió y se acostó. Y Jehová volvió a llamar otra vez a Samuel. Y levantándose Samuel, vino a Elí y dijo: Heme aquí; ¿para qué me has llamado? Y él dijo: Hijo mío, yo no he llamado; vuelve y acuéstate.*
*Y Samuel no había conocido aún a Jehová, ni la palabra de Jehová le había sido revelada. Jehová, pues, llamó la tercera vez a Samuel. Y él se levantó y vino a Elí, y dijo: Heme aquí; ¿para qué me has llamado? Entonces entendió Elí que Jehová llamaba Y dijo Elí a Samuel: Ve y acuéstate; y si te llamare, dirás: Habla, Jehová, porque tu siervo oye. Así se fue Samuel, y se acostó en su lugar. Y vino Jehová y se paró, y llamó como las otras veces: !!Samuel, Samuel! Entonces Samuel dijo: Habla, porque tu siervo oye. Y Jehová dijo a Samuel."*
**Éxodos 28:1-11**

Que importante es enseñarle a tus hijos oír y respetar la voz del hombre de Dios. Samuel Sirvió a Eli de tal forma que cuando Dios lo llama, la voz de Eli para el era similar a la de Dios.

Y pregunto yo ¿Cómo van tus hijos a obedecer la voz de Dios a quien no han visto, sino no aprenden a obedecer la voz de sus padres cual ven?

*"Si alguno dice: Yo amo a Dios, y aborrece a su hermano, es mentiroso. Pues el que no ama a su hermano a quien ha visto, ¿cómo puede amar a Dios a quien no ha visto?"*
**1 Juan 4:20**

Pues el que no obedece a sus padres a quien ha visto, ¿cómo puede obedecer a Dios a quien no ha visto? *versión Ruth Mercado* Su servicio lo llevo a ser el profeta de los dos primeros reyes de Israel cual fue Saúl y David. También fue el que los ungió para su reinado. Samuel fue el que fundo la escuela de profetas en Ramá donde la unción era tanta, que cuando Saúl perseguía a David, y al acercarse a Ramá comenzó a profetizar como los profetas de aquel lugar.

Toma tiempo con tus hijos y aplicar estos valores a la vida de ellos. Te aseguro que llegaran a grande y serán como saetas en mano del valiente. Así son nuestros hijos en este tiempo. Esta palabra nos hace ver que los hijos son herencia de Jehová y una bendición a nosotros.

*"He aquí, herencia de Jehová son los hijos; cosa de estima el fruto del vientre. Como saetas en mano del valiente, así son los hijos habidos en la juventud. Bienaventurado el hombre que llenó su aljaba de ellos; no será avergonzado Cuando hablare con los enemigos en la puerta."*
**SALMO 127:3-5**

# CONFESIÓN PARA NUESTROS HIJOS

*Señor Jesús,*
*Tu Palabra dice que todos mis hijos serán enseñados por Ti*
*y que Tú multiplicarás la paz sobre ellos.*
*Ninguna plaga de enfermedad tocará su morada porque ellos están*
*cubiertos con Tu preciosa sangre y por Tus llagas ellos están sanos.*
*La violencia, ni el reino de las tinieblas, tienen lugar en la vida de ellos*
*porque solo Tu Espíritu Santo reposa sobre mis hijos y tienen la mente de*
*Cristo. Y reposará sobre ellos el Espíritu de Jehová,*
*Espíritu de sabiduría y de inteligencia,*
*Espíritu de consejo y de poder,*
*Espíritu de conocimiento y de temor de Jehová.*
*Todo lo pueden en Cristo que los fortalece y son prosperados.*
*Mis hijos son valientes y obedientes a sus superiores.*
*Oran en todo tiempo y siempre hay un cántico de adoración en su boca*
*con gratitud que sale de su corazón.*
*Son más que vencedores en Cristo Jesús, Señor nuestro.*
*Y cada día crecen en sabiduría, en estatura,*
*y en gracia para con Dios y los hombres.*
*En el nombre de Jesús, Amén.*

**Salmo 91:10**
**Isaías 53:4**
**Isaías 54:13**
**Isaías 12:2**
**Filipenses 4:13**
**Romanos 8:37**
**Colosenses 3:16**
**Lucas 2:52**

# CAPÍTULO 25
## Haciendo Frente
### A LA CRISIS ECONÓMICA

Estados Unidos de América estaba tan seguro y de sí mismo sobre todos sus bienes y estadía, pero de momento ha llegado una crisis cual nunca se esperaba. La palabra *crisis* significa cambios desfavorables, atacó un momento decisivo y peligros en la evolución de las cosas tal como una crisis financiera, conflicto o tensión. También puede ser un periodo intermedio entre la dimisión y la formación de un nuevo gobierno. El mundo entero esta en crisis. En el comienzo de la década del 2010, los bancos en Estados Unidos están siendo afectados por la economía donde muchos han sido comprados por otros bancos, hay cambios de gobiernos. Se ve la discordia y la enemistad entre los líderes políticos y gobiernos. La corrupción entre muchos economista aumenta, hay recortes por donde quiera especialmente para la asistencia médica de salud. Los seguros de salud aumentan de precio mientras que las plagas de enfermedad se multiplican. El desempleo aumenta y las familias están perdiendo sus casas. El costo de vida sigue subiendo y los salario disminuyendo. Muchos comercios están siendo afectados. Fábricas de automóviles, restaurantes, centros comerciales, aun escuelas y universidades se han cerrado. Líneas aéreas se han ido en banca rota, me informaron de una compañía donde todos los años los empleados recibían un 3% de aumento, le restaron el aumento y además le redujeron el 10% de su salario. Hay otros que los despiden sin darle previo aviso. Familias se han quitado la vida por la presión financiera. La rebeldía de los hijos aumenta. Sectas de otros países están tomando fuerza, influenciando a nuestros adolescentes para que duden de su fe en Dios. El divorcio ya es un estilo de vida en nuestra sociedad. La misma naturaleza está siendo afectada por los cambios del clima. En la Biblia podemos aprender de una mujer viuda, pasos en como ella confronto la crisis económica con sus hijos.

## 2 REYES 4:1-7

### NECESITAS SABER DONDE IR A BUSCAR AYUDA
*" Una mujer, de las mujeres de los hijos de los profetas, clamó a Eliseo, diciendo: Tu siervo mi marido ha muerto; y tú sabes que tu siervo era temeroso de Jehová; y ha venido el acreedor para tomarse dos hijos míos por siervos."*

### NO TOMES EN POCO LO QUE TIENES EN TU CASA
*"Y Eliseo le dijo: ¿Qué te haré yo? Declárame qué tienes en casa. Y ella dijo:*
*Tu sierva ninguna cosa tiene en casa, sino una vasija de aceite."*

### OYE EL CONSEJO DE SABIDURÍA DEL PROFETA DE DIOS
*"El le dijo: Ve y pide para ti vasijas prestadas de todos tus vecinos,*
*vasijas vacías, no pocas.*
*Entra luego, y enciérrate tú y tus hijos; y echa en todas las vasijas,*
*y cuando una esté llena, ponla aparte."*

### OBEDECE LAS INSTRUCCIONES
*"Y se fue la mujer, y cerró la puerta encerrándose ella y sus hijos;"*

### MANTEN UNA BUENA COMUNICACIÓN CON TUS HIJOS
*"y ellos le traían las vasijas, y ella echaba del aceite."*

### PERMITE QUE TU FAMILIA PARTICIPE DE LAS INSTRUCCIONES
En los ahorros de la luz, comida, ropa, en lo espiritual, orando juntos,
aprendiendo sobre la fe en Dios como Proveedor.
*"Cuando las vasijas estuvieron llenas, dijo a un hijo suyo:*
*Tráeme aún otras vasijas. Y él dijo: No hay más vasijas. Entonces cesó el aceite."*

### VUELVE AL LUGAR DONDE RECIBISTE LAS INSTRUCCIONES PARA EL SEGUNDO PASO
*"Vino ella luego, y lo contó al varón de Dios, el cual dijo:*
*Ve y vende el aceite, y paga a tus acreedores;*
*y tú y tus hijos vivid de lo que quede."*

Tu obediencia será la llave de la puerta del éxito en medio de la crisis financiera pero para obedecer hace falta Fe.

*"Confiar en Dios es estar totalmente seguro de que uno va a recibir lo que espera.*
*Es estar convencido de que algo existe, aun cuando no se pueda ver."*
**Hebreos 11:1** (TLA)

La fe viene por medio de lo que vas a oír.
*"Así que la fe es por el oír, y el oír, por la palabra de Dios."*
**Romanos 10:17**

En la vida hay que aprender el secreto para echar fuera el temor. Si la viuda hubiese permitido que el temor dominara su vida jamás hubiera recibido el valor para ir al profeta de Dios y mucho menos pedir las vasijas prestadas de sus vecinos.

*"En el amor no hay temor, sino que el perfecto amor echa fuera el temor; porque el temor lleva en sí castigo. De donde el que teme, no ha sido perfeccionado en el amor."*
**1 Juan 4:18**

Una mujer que ha impactado mi vida es Susannah Wesley del Siglo XVII. Ella tuvo 19 hijos y solamente 10 sobrevivieron. Dos de ellos fueron Juan y Charles Wesley reformadores de la historia de la Iglesia y fundadores del movimiento Metodista. La Señora Wesley conocía distintos lenguajes – el griego, latín y francés y fue la que educó a sus hijos, enseñándoles seis horas todos los días. Ella logro en sus hijos lo que estaba en su corazón realizar. ¿Qué vas hacer en este momento de crisis económica contigo misma y tu familia? Es importante que haya aceite en tu casa. El aceite era considerado una bendición de Dios y símbolo de honor. La abundancia de aceite era una demostración de bendición y prosperidad. El aceite es un símbolo de gozo y alegría.

*"Mas el olivo respondió: ¿He de dejar mi aceite, con el cual en mí se honra a Dios y a los hombres, para ir a ser grande sobre los árboles?"*
**Jueces 9:9**

*"Vosotros también, hijos de Sion, alegraos y gozaos en Jehová vuestro Dios; porque os ha dado la primera lluvia a su tiempo, y hará descender sobre vosotros lluvia temprana y tardía como al principio.
Las eras se llenarán de trigo, y los lagares rebosarán de vino y aceite."*
**Joel 2:23-24**

> *"Por tanto, te ungió Dios, el Dios tuyo,*
> *con óleo de alegría más que a tus compañeros."*
> **Salmo 45:7**

El aceite viene del árbol de Olivo, cual Jesús mismo se identificó como el Olivo Verde de la casa de Dios. Él quiere que siempre haya aceite en tu casa para que no importando la circunstancia que confrontes en la vida, tengas suficiente aceite para ti y los tuyos. El aceite que necesitas es el Espíritu Santo revelando la Palabra en tu vida para que no temas a ninguna adversidad o crisis que pueda venir. Permite que la Palabra revelada sea el aceite que siempre esta en tu casa para impartir la fe que produce en ti milagros de provisión.

# CAPÍTULO 26
## Mujer Que Exhibe Su Belleza
### SUEÑA EN GRANDE

Dios nos ha dado muchos regalos y uno de ellos es el de poder soñar. Hay diferentes sueños. Hay sueños de Dios, de la carne o el alma y sueños de las tinieblas. En los tiempos antiguos los sueños eran real. Los sueños revelaban el futuro y la gente se iba a dormir a los templos para tener sueños divinos para que le dieran dirección hacia decisiones futuras. Los sueños para gente común eran de suma importancia para ellos. Pero sueños de reyes y hombres santos eran importantes para naciones. Estos sueños se podían consultar con el gobierno más alto para tomar decisiones importantes. Algunos dicen o describen que los sueños son influencia del Espíritu de Dios sobre el alma que se extiende en el dormir al igual que pueden ser pensamientos que caminan.

Hay diferentes sueños ilustrados a lo largo de la Biblia, por ejemplo, el sueño del Rey Faraón donde José le da la interpretación en Génesis capítulo 41; los sueños del Rey Nabucodonosor y de Belsasar donde Dios le da la interpretación a Daniel. (Daniel 2 y 6) Hubieron sueños y eran de suma importancia para el desarrollo para el desarrollo de su vida personal, como los de José.

Hay tres aplicaciones que se le dan a la palabra *soñar* en el diccionario:

| |
|---|
| *Secuencias de imágenes mentales durante el tiempo que duermes.* |
| *Sueños de día secuencias de imágenes mentales durante el sueño que pasan por la mente de alguien que está despierto.* |
| *Algo que alguien tiene esperanza y desea y muchas veces es difícil obtener.* |

## COMO HIJAS DEL REY SIEMPRE HAY SUEÑOS QUE RECIBIMOS EN SU CASA LOS CUALES QUEREMOS REALIZAR EN NUESTRA VIDA

Quiero darte algunos principios importantes que pueden ayudarte a realizar tus sueños. Antes que nada, tu vida necesita estar en armonía con Dios y Su Palabra, porque El es quien te dará el fundamento para comenzar a vivir tus sueños. Tú vida es la morada del Dios vivo, es la casa de Dios Padre, Hijo y Espíritu Santo. Tú eres la que puedes determinar si tus sueños viven o mueren. Hoy tus sueños pueden ser la dracma perdida donde juntos pasaremos las escoba para encontrarlos de nuevo.

> *"¿O qué mujer que tiene diez dracmas,*
> *si pierde una dracma,*
> *(1) no enciende la lámpara,*
> *(2) y barre la casa, y*
> *(3) busca con diligencia hasta encontrarla?*
> *Y cuando la encuentra, reúne a sus amigas y vecinas, diciendo:*
> *Gozaos conmigo, porque he encontrado*
> *la dracma que había perdido."*
> **Lucas 15:8-10**

UNA PALABRA CLAVE es *diligencia* lo cual es un esfuerzo consistente para cumplir o alcanzar algo, atento a lo que desea, persistente en hacer cualquier cosa, prosigue perseverando con atención, no se fatiga, ni se cansa, y no retrocede.

### PRINCIPIOS PARA REALIZAR TUS SUEÑOS

Antes de realizar cualquier sueño, es importante conocer al dador de los sueños, y Su nombre es Jesús. Es necesario entregar tu corazón y tu vida entera a EL.

> *"Porque de tal manera amó Dios al mundo,*
> *que ha dado a su Hijo unigénito, para que todo aquel que en El cree,*
> *no se pierda, más tenga vida eterna."*
> **Juan 3:16**

Si nunca le has pedido a Jesús que entre a tu corazón es el momento de hacerlo. *"Que si confesares con tu boca que Jesús es el Señor, creyeres en tu corazón que Dios le levantó de los muertos, serás salvo. Porque con el corazón se cree para justicia. Pero con la boca se confiesa para salvación."* **Romanos 10:9-10** Al confesar a Jesús como único Salvador y Señor recibirás Su nueva naturaleza. *"De modo que si alguno está en Cristo, nueva criatura es; las cosas viejas pasaron: he aquí todas son hechas nuevas."* **2 Corintios 5:17**

Cuando se inicia una amistad, una relación, para que ella florezca hay que cultivarla mediante la comunicación. Si apenas comenzaste una relación con Dios, es importante desarrollar tu relación y una manera efectiva es creando una relación con la Palabra de Dios, la Biblia.

*"Si permanecéis en mi, y mis palabras permanecen en vosotros,*
*pedid todo lo que queréis, y os será hecho."*
**Juan 15:17**

Para mantener esa relación hay que leer la Biblia cada día, hasta que Dios te hable.

*"Y si alguno de vosotros tiene falta de sabiduría, pídala a Dios, el cual da a todos*
*abundantemente y sin reproche, y le será dada."*
**Santiago 1:5**

El conocimiento que has de adquirir cambia el estilo de vida. Mira la Biblia con un motivo correcto.

*"Si clamares a la inteligencia, y a la prudencia dieres voz;*
*si como a la plata la buscares, y la escrudiñares como a tesoros,*
*entonces entenderás el temor de Jehová,*
*y hallarás el conocimiento de Dios. Porque Jehová da la sabiduría,*
*y de su boca viene el conocimiento y la inteligencia."*
**Proverbios 2:3-6**

## NECESITO COMPARTIR CON OTROS LO QUE HE RECIBIDO

El mejor ejemplo que te puedo dar es el de la Mujer Samaritana en Juan 4. Cuando ella tuvo la conversación con Jesús ella dejo el cántaro con el cual ella fue a buscar agua.

*"Entonces la mujer dejo su cantaro, y fue a la cuidad, y dijo a los hombres: Venid, ved*
*a un hombre que me ha dicho todo cuanto he hecho. ¿No será este el Cristo?"*
**Juan 4:28-29**

Tu puedes realizar tus sueños cuando escudriña la Palabra de Dios. *Escudriñar* significa buscar, examinar e inquirir. Los profetas de Dios diligentemente inquirieron e investigaron.

*"Escudriñad las Escrituras; porque a vosotros os parece que en ellas tenéis la vida eterna; y ellas son las que dan testimonio de mí."*
**Juan 5:39**

*"Los profetas que profetizaron de la gracia destinada a vosotros, inquirieron y diligentemente indagaron acerca de esta salvación,*
*escudriñando qué persona y qué tiempo indicaba el Espíritu de Cristo que estaba en ellos, el cual anunciaba de antemano los sufrimientos de Cristo, y las glorias que vendrían tras ellos.*
*A éstos se les reveló que no para sí mismo, sino para nosotros, administraban las cosas que ahora os son anunciadas por los que os han predicado el evangelio por el Espíritu Santo enviado del cielo; cosas en las cuales anhelan mirar los ángeles."*
**1 Pedro 1:10-12**

Puedes realizar tus sueños cuando permites que el Espíritu Santo te recuerde la Palabra:

*"Mas el Consolador, el Espíritu Santo, a quien el Padre enviará en mi nombre, él os enseñará todas las cosas, y os recordará todo lo que yo os he dicho."*
**Juan 14:26**

Para realizar tus sueños tienes que saber cómo orar en el centro de la voluntad de Dios.

*"Y de igual manera el Espíritu nos ayuda en nuestra debilidad; pues que hemos de pedir como conviene, no lo sabemos, pero el Espíritu mismo intercede por nosotros con gemidos indecibles."*
**Romanos 8:26**

*"Clama a mí, y yo te responderé, y te enseñare
cosas grandes y ocultas que tú no conoces."*
**Jeremías 33:3**

Si quieres realizar tus sueños, es de suma importancia que mantengas tu confesión de acuerdo a la Palabra de Dios.

*"Sea vuestra palabra siempre con gracia, sazonada con sal,
para que sepáis cómo debéis responder a cada uno."*
**Colosenses 4:6**

*"Nunca se apartará de tu boca este libro de la ley,
sino que de día y de noche meditarás en el, para que
guardes y hagas conforme a todo lo que en el está escrito;
porque entonces harás prosperar tu camino, y todo te saldrá bien."*
**Josué 1:8**

*"La muerte y la vida están en poder de la lengua,
y el que la ama comerá de sus frutos."*
**Proverbios 18:21**

*"La palabra de Cristo more en abundancia en vosotros,
enseñándoos y exhortándoos unos a otros en toda sabiduría,
cantando con acción de gracias en vuestros corazones al Señor
con salmos e himnos y cánticos espirituales."*
**Colosenses 3:16**

Hay momentos en la vida donde hay sueños que realizar y a la vez aparece resistencia, una arma para la resistencia es el ayuno. Es importante saber aplicar el ayuno de Isaías 58 para que no pierda tiempo en el ayuno. Cuando tenga la oportunidad, léalo.

*"Pero este género no sale sino con oración y ayuno."*
**Mateo 17:21**

## MIS SUEÑOS SERÁN A LA MISMA MEDIDA EN QUE DOY

*"Dad, y se os dará; medida buena, apretada, remecida y rebosando darán en vuestro regazo; porque con la misma medida con que medís, os volverán a medir."*
**Lucas 6:38**

*"Y darás el dinero por todo lo que deseas, por vacas, por ovejas, por vino, por sidra, o por cualquier cosa que tú deseares; y comerás allí delante de Jehová tu Dios, y te alegrarás tú y tu familia."*
**Deuteronomio 14:26**

*"Y poderoso es Dios para hacer que abunde en vosotros toda gracia, a fin de que, teniendo siempre en todas las cosas todo lo suficiente, abundéis para toda buena obra."*
**2 Corintios 9:8**

## NECESITO BUSCAR LA LLENURA DEL ESPÍRITU SANTO

*"En el último y gran día de la fiesta, Jesús se puso en pie y alzó la voz, diciendo: Si alguno tiene sed, venga a mí y beba. El que cree en mí, como dice la Escritura, de su interior correrán ríos de agua viva. Esto dijo del Espíritu que habían de recibir los que creyesen en él; pues aún no había venido el Espíritu Santo, porque Jesús no había sido aún glorificado."*
**Juan 7:37-39**

*"Pero recibiréis poder, cuando haya venido sobre vosotros el Espíritu Santo, y me seréis testigos en Jerusalén, en toda Judea, en Samaria, y hasta lo último de la tierra."*
**Hechos 1:8**

**HOY EL ESPÍRITU SANTO TE DICE, "MUJER, SUEÑA EN GRANDE."**
Soñar significa anhelar persistentemente una cosa. Una mujer que sueña, tiene metas definidas. Una mujer que sueña, disfruta de las etapas de su vida porque sabe valorizar su tiempo. Como madre y abuela vengo a retarte a

atreverte a soñar como mujer de Dios y a darle vida a tus sueños y te reto a que repitas todos los días, las veces que puedas:

*"Todo lo puedo en Cristo que me fortalece."*
**Filipenses 4:13**

Hoy es tu día, donde la puerta de oportunidad se abre para que entres a cenar con tu Señor y Salvador Jesucristo y puedas decir lo mismo que dijo María la madre de Jesús, *"He aquí la sierva del Señor, hágase conmigo conforme a Tu Palabra."* En la Palabra de Dios hay óleo de alegría para que te rías del futuro, hay amor y nada podrá ahogar ese amor. Su Palabra es pan que te da salud para vivir en santidad y pureza. En Su Palabra hay aceite, la unción del Espíritu Santo que rompe todo yugo en ti y los tuyos, la cual es derramada por el Espíritu Santo y te convierte en una intercesora. Esa unción te enseña a orar. La unción que se derrama sobre ti te da la autoridad para romper todo yugo de ofensa y te da el poder para perdonar cualquier ofensa de los que te han herido en el pasado o presente.

*"Y de igual manera el Espíritu nos ayuda en nuestra debilidad;*
*pues qué hemos de pedir como conviene,*
*no lo sabemos,*
*pero el Espíritu mismo intercede*
*por nosotros con gemidos indecibles."*
**Romanos 8:26**

## CAPÍTULO 27
# Exhibe las Virtudes
### DE TU BELLEZA

Las mujeres siempre somos de influencia en todas las diferentes etapas de la vida. Las etapas y funciones que enfrentamos en la vida son de hija, esposa, nuera, cuñada, suegra, madre, tía, abuela, bisabuela, amiga…y muchas más. La sociedad de hoy ha descuidado muchos de los valores, pero especialmente el valor de la familia. Proverbios 31 es un capítulo vital en la vida de una mujer que desea ser virtuosa. Los detalles sobre sus cualidades específicas son diferentes en nuestros tiempos, pero los principios que le sirven de apoyo, son eternos. Los versículos 10-31 en total (22) son parte de un poema acróstico, y cada uno comienza describiendo cada virtud que integran el alfabeto hebreo.

Yo puedo decir que es una mujer de la A la Z. En su conjunto, Proverbios 31 forma un cántico de alabanza al ideal de la mujer casada. Sin embargo, es importante poder entender la aplicación de hoy para la mujer virtuosa. La palabra *virtuosa* viene del verbo virtud que significa fuerza, valentía, buena moral, práctica de deberes morales, abstinencia de conformidad en la vida (no es conformista).

Ser virtuosa es una práctica de deberes morales por un sincero amor a Dios y sus preceptos. Virtud es nada menos que una obediencia voluntaria a la verdad. Es una característica de excelencia particular hacia el dominio propio y hacia la obra de caridad. Estas son virtudes angelicales, poderes que actúan con eficaz. Esas virtudes son agencias secretas, eficaz, sin visibilidad o acción material. La mujer virtuosa mueve su cuerpo sin tocar a nadie, pero la virtud que posee, toca y marca la humanidad. Es una mujer de excelencia que constituye méritos y valor, es una mujer de orden celestial, es una mujer de poder eficaz y tiene poder y autoridad legal ya que es una mujer sujeta al orden divino. Lo interesante de Proverbios 31 es que en cada versículo sobresale una de sus virtudes únicas.

## LA MUJER VIRTUOSA NO ES COMÚN ENCONTRAR

*"Mujer virtuosa, ¿quién la hallará? Porque su estima sobrepasa largamente a la de las piedras preciosas."*
**Proverbios 31:10**

La pregunta *"¿Quién la hallara?"* da a entender que esta mujer no es muy común. La traducción moderna en ingles traduce esta frase: *"¿Quien encontrara una esposa de fuerza y carácter?"*

### ES UNA MUJER DONDE SU MARIDO CONFIA EN ELLA
*"El corazón de su marido está en ella confiado, y no carecerá de ganancias."*
**Proverbios 31:11**

La sabiduría que ella imparte, le da confianza a su marido en dejarla tomar decisiones, aún decisiones financieras. También implica que ella satisface todas sus necesidades. Esto imparte una confianza donde su marido sabe que tiene un premio sin falta lo cual es ella.

### NO ES RENCOROSA
*"Le da ella bien y no mal, todos los días de su vida."*
**Proverbios 31:12**

Ella respeta a su marido aun en su ausencia y aun cuando muere. Lo he visto en mi mamá, ella siempre tiene una buena palabra que decir de mi papi aunque han pasado muchos años que partió con Jesús. La mujer virtuosa solo habla bien de su marido.

### TRABAJA DE BUENA VOLUNTAD, YA QUE SUS MANOS SON DIRIGIDAS POR SU MENTE
*"Busca lana y lino, y con voluntad trabaja con sus manos."*
**Proverbios 31:13**

Mi mama fue costurera y la lana es bien difícil manejar en la costura. A veces le daba una alergia en su piel cuando cocía la tela de arpillera. Pero al contrario, el lino fino es fácil para manejar en la costura. La voluntad de una mujer virtuosa esta presta para cualquier circunstancia. *Voluntad* implica la facultad del alma con la que quiere o elige unas cosas y rechaza otras. Es una voluntad disciplinada por el Espíritu Santo.

### NO MIDE DISTANCIA, NI TIEMPO PARA BUSCAR PAN (MATERIAL O ESPIRITUAL)
*"Es como nave de mercader; trae su pan de lejos."*
**Proverbios 31:14**

Gloria a Dios por aquellas convenciones de "Un Nuevo Amanecer" donde llegaron a venir mujeres de Alaska, Alemania y otras partes del mundo para buscar el alimento espiritual. La mujer virtuosa busca el pan de cada día en la presencia del Señor.

### LA NOCHE NO LA DETIENE
*"Se levanta aun de noche…y da comida a su familia y ración a sus criadas."*
**Proverbios 31:15**

*"Cuidadosa de su casa."*
**Tito 2: 5**

Aun en medio de los tiempos difíciles, de enfermedad y tormentas sirve a su familia y a los que con ella viven. Para ella no haya confusión en las noches, sino que siempre tiene palabra de fe para los suyos. Sus fuerzas son incansables, aun en las noches largas prepara comida si es necesario.

### CONOCE BIEN SOBRE LA ECONOMÍA
*"Considera la heredad, y la compra."*
**Proverbios 31:16**

Hoy día, la mujer es la que siempre esta buscando donde puede ahorrar dinero en sus negocios y compras. *Considerar* también aplica a su manera de meditar, pensar y reflexionar en el valor de una familia, matrimonio, bienes, antes de tomar una decisión que luego pierda parte de su heredad, que son sus hijos.

### HAY CREATIVIDAD EN SUS MANOS
*"Y planta viña del fruto de sus manos."*
**Proverbios 31:16**

Esta mujer tiene un don especial en sus manos donde todo lo que toca se multiplica.

### TIENE LA MENTE DE CRISTO
*"Ciñe de fuerza sus lomos, Y esfuerza sus brazos."*
**Proverbios 31:17**

Cuando la Biblia habla de ceñir los lomos muchas veces se refiere al entendimiento, a la mente, a la manera de pensar. La mujer virtuosa es muy entendida en las cosas que hace, es sabia. No solo es una gran trabajadora sino que sus manos son dirigidas por la sabiduría que emana de su mente. Es una mujer organizada que saber hacer con su tiempo el máximo.

*"Por tanto, ceñid los lomos de vuestro entendimiento, sed sobrios, y esperad por completo en la gracia que se os traerá cuando Jesucristo sea manifestado."*
**1 Pedro 1:13**

### SUS DECISIONES ESTAN BASADAS EN LA PALABRA
*"Ve que van bien sus negocios; su lámpara no se apaga de noche."*
**Proverbios 31:18**

Pueden llegar momentos difíciles en la economía pero en ese momento, esta mujer sabe aplicar la Palabra a su fe.

*"Lámpara es a mis pies tu palabra, y lumbrera a mi camino."*
**Salmo 119:105**

### SABE DAR VUELTA A LAS COSAS
*"Aplica su mano al huso, y sus manos a la rueca."*
**Proverbios 31:19**

La rueca es el instrumento más viejo para poner el hilo, donde hacían las telas. Creo que esto se puede aplicar en como esta mujer le busca la vuelta a las cosas para resolver cualquier adversidad.

### SABE DAR AL POBRE
*"Alarga su mano al pobre, y extiende sus manos al menesteroso."*
**Proverbios 31:20**

La bondad es parte de su vida y nunca hace acepción de personas, no tiene preferencias, no desprecia al que tiene necesidad.

### SABE VESTIR A SU FAMILIA CON ROPAS DOBLES
*"No tiene temor de la nieve por su familia,
porque toda su familia está vestida de ropas dobles."*
**Proverbios 31:21**

Al tener conocimiento de la Palabra, la mujer virtuosa, conoce la importancia de la vestimenta espiritual y física.

*"Vestíos de toda la armadura de Dios."*
**Efesios 6:11**

### SU VESTIMENTA NUNCA PASA DE MODA
*Ella se hace tapices de lino fino y púrpura."*
**Proverbios 31:22**

Purpura es de (ROJO ESCALARTE) el cual podemos aplicar a la sangre de Cristo que fluye a través de ella, el lino fino se refiere a las acciones justas hacia el prójimo.

*"Y a ellas se le ha concedido que se vista de lino fino,
limpio y resplandeciente; porque el lino fino es las acciones justas de los santos."*
**Apocalipsis 19:8**

### TODOS SABEN QUIEN ES SU MARIDO
*Su marido es conocido en las puertas, cuando se sienta con los ancianos de la tierra.*
**Proverbios 31:23**

Su marido tiene un lugar de autoridad y honra entre los suyos porque ella refleja la seguridad de su cobertura.

### CONOCE EL SECRETO DE LA PROSPERIDAD
*"Hace Telas, y vende, y da cintas al mercader."*
**Proverbios 31:24**

Con su creatividad hace telas para negociar pero lo que le sobra, aprovecha para hacer cintas para regalar, reconociendo que los principios de la prosperidad están en el dar.

### ESTA SEGURA DE SI MISMA
*"Fuerza y honor son su vestidura; y se ríe de lo por venir."*
**Proverbios 31:25**

Sabe sacar fuerzas de debilidad, revestida de amor y compasión y cuando mira hacia el futuro, se ríe del retrato que ve en la dimensión de su fe.

### CONOCE EL PODER DE SUS PALABRAS
*"Abre su boca con sabiduría, y la ley de clemencia esta en su lengua."*
**Proverbios 31: 26**

Sabe poner en práctica el conocimiento que tiene y en su lengua siempre hay sabiduría. La ley de clemencia es la virtud que consiste en perdonar. Para esta mujer no hay lugar para el resentimiento.

### UNA MUJER DE ORDEN
*Considera los caminos de su casa, y no come el pan de balde.*
**Proverbios 31:27**

Siempre se ocupa que todo marche bien en su casa y sabe ahorrar lo que se ha ganado, también en lo espiritual, ya que no toma en poco la Palabra de Dios.

### ES ESTIMADA POR SU FAMILIA
*"Se levantan sus hijos y la llaman bienaventurada; y su marido también la alaba:"*
**Proverbios 31:28**

Sus virtudes son reconocidas por los demás, la boca de otros le alaba. Este tipo de reconocimiento es el mejor reconocimiento de todo, que otra boca te alabe, que otra boca diga cosas buenas de ti.

### ES UNA MUJER DE CLASE
*"Muchas mujeres hicieron el bien; más tú sobrepasas a todas."*
**Proverbios 31:29**

Se da valor como mujer cristiana y no se mezcla ni compromete su fe.

### ES TEMOROSA DE DIOS
*"Engañosa es la gracia, y vana la hermosura;
la mujer que teme a Jehová, ésa será alabada."*
**Proverbios 31:30**

Lo menos que le preocupa es su apariencia porque el secreto de sus virtudes y sabiduría están escondidos en el temor a Dios. Y la belleza que perdurará por las edades es la que llevamos por dentro. La hermosura de vivir una vida de honra, integridad y amor.

### JAMÁS SERÁ ESTERIL
*"Dadle del fruto de sus manos, y alábenla en las puertas sus hechos."*
**Proverbios 31:31**

Sus manos nunca dejaran de dar fruto y con ellas no habrá puerta que no se habrá. Las puertas de oportunidades para ella y los suyos nunca se cerraran. Y dejaras un legado de generación en generación.

# Soy una Mujer de la Palabra
### DR. RUTH MERCADO

Soy una mujer de la Palabra.
Mi confesión es segura y firme
porque todo lo puedo en Cristo que me fortalece.
Soy una mujer próspera, llena de salud.
Yo camino en la sabiduría e inteligencia de lo alto.
Mi hogar está fundado sobre la Roca Inconmovible, y
me río de lo porvenir.
Cada día vivo confiada
porque sé que mi Dios
cumplirá Su propósito en mi y en los míos.
En el nombre de Jesús, Amen.

## LIBROS ESCRITOS POR DR. RUTH MERCADO

EL ADORNO INTERIOR
RESOLVIENDO CONFLICTOS ENTRE RELACIONES
CONSEJOS PRÁCTICOS PARA TU HIJO VARÓN
LA MUJER EN LA VISIÓN DE DIOS
LÁGRIMAS DE GOZO
ORACIONES DEL CORAZÓN
PORTADORES DE PAZ
VALORIZANDO TU TIEMPO
¿QUÉ DICE LA BIBLIA SOBRE EL VICIO DE TOMAR?
¿CÓMO SER LIBRE DEL HOMOSEXUALISMO?
G300 AGENT HANDBOOK

## LIBROS POR APÓSTOL ANGEL L. MERCADO

CONVIRTIENDO TUS ERRORES EN MILAGROS
BOSQUEJOS PASTORALES DEL ESPÍRITU SANTO
ENSANCHANDO TU LIBERACIÓN A TRAVÉS DEL AYUNO
ENTENDIENDO LA JORNADA
SANANDO LAS MARCAS DEL PASADO

## LIBROS ADICIONALES
EL LLAMADO NO TIENE FIN – ANGELINA ROSARIO
EL LEGADO DE UNA ANCIANA – ANGELINA ROSARIO
WHERE THESE FEET LEAD – LIANA GONZALEZ
AYUNO DE AVANCE – LIZA SOLARES

## PARA RECURSOS ADICIONALES VISITE
www.rebano.cc
LUZ A LA FAMILIA
900 NORTH WALNUT CREEK
SUITE 100 PMB 280
MANSFIELD, TX 76063
www.ruthmercado.org